朱晓农　著

写作的规矩

上海教育出版社
SHANGHAI EDUCATIONAL
PUBLISHING HOUSE

写作总则：明白第一

平实准则：描述副实，用词平易
合理准则：前后连贯，符合逻辑

目　录

第 1 章

总 说

1.1　开头的话

本书为学习写作提供参考意见。

这个"写作"，不是写文学性的"美文"，而是写非美文性的日常用文或"常文"，主要指大学生的论文写作和理应与之衔接的中学作文。

有两件跟美文、常文相关的事一直在我心头缭绕不去。一件是小学里常因"一逗到底"挨批评。一篇小作文，通篇是逗号，用到句号时，作文也写完了。另一件是"莫言"的看法，他认为语文课学语法逻辑知识没用①。这两件发生在个人身上的事其实有普遍性，很多人到老还是"一逗到底"，而"莫言"的话代表了社会上大部分人的看法。

这两件事看似不相干，实际上反映了汉语这枚铜板的两面：一面是"一逗到底"的话题-议叙（topic-comment）结构的语法及相关的自然语言逻辑（下文称汉语自然逻辑或汉语逻辑），另一面是被认为无用的主谓句

---

① 所引据署名"莫言"的文章《我们的语文教育很虚伪》（［EB/OL］//"搜狐教育"2016－04－27. https：//www.sohu.com/a/71821670_374969），未经本人证实。不过本书关心的是这种普遍看法，具体引谁不重要，所以"莫言"可看作是"语法逻辑无用论"的代称，文中加引号表示。

式语法及相应的主谓结构形式逻辑。汉语中存在这样两套语法和逻辑。美文大多用话议句式，常文则以主谓结构为主。本书讲常文写作的注意事项。美文有它的功用，但不能是写作教学的重点。

1.2　常文写作标准

1.2.1　达意要求

常文写作最基本也最重要的功用和要求就两个字：达意。达意可以根据功能分解为传意和传感，详§1.3.1。

达意的要求可用成语"深入浅出"来说明。"深入"是对要说的事情有深入周全的了解，"浅出"是写得一目了然。

1.2.2　明白：实现达意的总原则

要做到达意，就一个词：明白。不管写什么内容，用什么体裁，还是怎么写，都是明白第一。

很多作家和语文专家认为写作最重要的是生动、出新意。这两条是美文的至高标准，而用于常文，生动的重要性排在第四，"出新意"则无须强调（§6.1详细讨论这两条）。

还有很多人认为最重要的是有条理或准确，这也不确切。有条理主要指符合逻辑，很重要，排第三。准确即符合事实的描述，更重要，排第二。

常文写作，明白第一。自己先想明白，然后写明白，最后让读者看明白。这样的话，即使写得不准确，也容易发现不足，可以改进。否则，即使准确，被掩埋在佶屈聱牙的文句中，也难免被人误解。再者，意思想清楚写明白，这个要求比较具体，可以自己掌握，可以把自己写的和脑中想的内外来回校核检查。而"准确"有点笼统，"有条理"则由外在的逻辑标准衡量，需要额外的学习，都不由自己掌控。

总之，写作总原则如下：

明白总则：想明白了才落笔 | 不写自己都没想明白的话。

明白也像一个铜板，一面是要求想明白，一面是要求写明白。下面先看外部的写明白，再深入到内部看想明白。

1.2.3 平实准则

写明白的基本要求就是文从字顺、清晰易懂、符合主谓语法，具体可以概括为明白总原则下的第一条分则：

平实准则：用词平实 | 不花哨。

平实，第一是"实"，符合事实，不夸张，不被个人偏见、情绪、立场等带偏而扭曲事实；第二是"平"，用平易的话语表达，以讲清楚为原则。总之，要让读者看明白，就是要用大白话，不要张口掉书袋，不要满篇花哨夸张的大词，不要以辞害意。

1.2.4 合理准则

想明白的基本要求就是意思连贯、有条有理，关键在于符合逻辑。这是明白总原则下的第二条分则：

合理准则：意思连贯 | 无矛盾

想明白是无法直接窥察的大脑内部活动，它的外在表现就是写得有条有理有逻辑。要是写出颠三倒四、前后不一、不知所云的满纸荒唐言，那就一定是没想清楚。

合理准则的"理"指逻辑，是基于逻辑的理性之理，不是平时说的"合情合理/讲道理"的那个"理"，那是社会准则、道德规范、生活经验中的"情理"。比如"不要输在起跑线上"是一条"合情合理"的社会性攀比准则，但没经过逻辑论证（逻辑理性）和实证检验（实证理性），所以不是"符合理性"的"合理"。

1.2.5　规则要具体

规则要具体，要有可操作性。一般对写作的要求，如具有条理、言之有物等，多显空泛。言之有物这个要求本身就是言之无物的最好例子，合不合要求可能只有特别有经验的语文老师才看得出来。有操作性，就是指把文章对照具体条例，大家能够比较一致地看出不合乎要求的地方。一般来说，用否定句表达的规则，即所谓"避免规则"，操作性较强。例如"不要随地吐痰"就比"要保持清洁"具体得多，你要是随地吐痰就罚款，而什么算"保持清洁"，可能有争议。

上述明白总则以及平实和合理两条分则都比较具体，它们除了正面肯定表述"要什么"，还有具体的否定表述"不要什么"。下文 49 款写作条例也尽量表达得具体明确、有操作性。

1.3　两种文体

1.3.1　达意与文体

达意可以根据功能分解为传意和传感。传意就是传达意思，指词句的理性意义。传感或传情指表达情感、感悟。

这两种达意功能与两种文体相关。文体种类很多，按主谓语法还是话议语法，可以大分为两类：<u>常文</u>和<u>美文</u>。传意主要用常文，传感主要用美文。

1.3.2 美文：情文和悟文

美文可以泛指所有文学性作品，包括小说、诗歌、剧本等。本书中讲的是狭义的美文，主要指抒情文和感悟文两种散文（简称"情文"和"悟文"）。中学作文写得最多的也是美文，一般是带有抒情、感悟的记叙文和议论文。媒体上还流行抖机灵、脑筋急转弯的机巧文。巧文是悟文中特别的一类，是带有幽默、搞笑、机巧、显示小聪明的短篇悟文。本书主要讲解常文写作的注意事项，美文只是附带谈一下。

1.3.3 常文：描记文和说理文

<u>作文训练应以常文为主</u>。常文包括应用文、描记文、说理文三类。本书讲的是后两类：描记文和说理文。

第一类<u>应用文</u>，指日常应用的各种便文，包括信件、通知、启事、告示、各种便条（借条、欠条、收条、领条等）、各类公文等。看看大街上甚至印刷物上

"启事"十有八九写成"启示",就知道应用文训练的重要性。

应用文写作的规则简单明了,辅导读物很多,所以下文不再赘述。

第二类描记文,这是个大类,包括描写和说明文、记叙文、综述总结等。中学里学写的主要是说明文和记叙文。描记文贵在平实。实就是准确描述事实,平就是用词平易,不为生动而生动,不以辞害意。我们来看一篇写列宁夫人的文章,后面怎么精彩不去说它,开头几句介绍性文字就有不少问题:

> 列宁原名弗拉基米尔·伊里奇·乌里扬诺夫,是20世纪最具影响力和最具争议的人物之一,今天不谈列宁闹革命的一些事,聊聊列宁同志的家庭。

> 列宁是一位无产阶级革命家,一生只娶了一位妻子——克鲁普斯卡娅,列宁的妻子是一位贵族,从小含着金钥匙出身,虽然是千金大小姐,但在接触到革命之后,就深深地被吸引了。

前一句说"今天不谈闹革命",下一句马上亮出"一位无产阶级革命家"的身份,像是在抖包袱。然后,刚说完无产阶级革命家,马上接"一生只娶了一位妻子",

这两个小句之间是因果关系还是并列、转折关系？如果没有关系，为什么放在一个句子里？此外，两段话中都是一逗到底。其实第一段"之一"后、第二段"克鲁普斯卡娅"后都应该用句号。另外，第二节第一小句可删，直接说列宁的妻子克鲁普斯卡娅出身贵族。列宁一生只有一个妻子，直接说"妻子"就行了，只有有过几段婚姻的，才需要指明第几任。还有一个风格搭配上的小问题，"今天不谈……，聊聊……"两个小句中，"同志"一词应挪到前句，改为"今天不谈列宁同志闹革命的一些事，聊聊列宁的家庭"——"同志"与"革命"连用，风格庄重点；"列宁"和"家庭"连用，风格生活化点。

描记文是说理文的基础。现象描写不实，事情叙述不清，就不用指望作者在描记的事实基础上展开说理和论证了。

第三类说理文或论证文，是基于准确描述，按逻辑讲道理。中学里此类文章叫议论文，好像说理论证只属于科研和学术。其实，中学训练的说理文和大学里要写的学期论文是练习版的论证文，其性质等同于科研报告、学术论文、政论文、时评文、法律和商业文本等正式版说理文。而议论文的性质与旧时策论、文学评论类似，要写得生动新奇，文学性强。

1.4　两种语法：主谓和话议

用常文传意，还是用美文传感，涉及两种文体或写法；而这两种写法植根于两种语法。

汉语中有两套平行的语法，一套是大家比较熟悉的主谓句式的"主谓语法"，一套是话题-议叙句式的"话议语法"。

1.4.1　主谓句

一个主谓句分为两大部分，前面是主语部分，后面谓语部分，两者之间有某种逻辑-语义关系。这两大部分下再分六种句子成分：主语、谓语（又称表语、述语）、宾语、定语、状语、补语。下面这段话中有四个用句号标明句子界线（句界）的主谓句。

中国‖是世界上历史最悠久的国家之一。中国各族人民共同创造了光辉灿烂的文化，具有光荣的革命传统。

一八四〇年以后，封建的中国逐渐变成半殖民地、半封建的国家。中国人民为国家独立、民族解

放和民主自由进行了前仆后继的英勇奋斗。(《中华人民共和国宪法》序言)

第一句中竖线前的是主语(与主语部分重合),后面是谓语部分。"是"是谓语,后面是宾语。"世界上"是状语,修饰"历史最悠久"等。

　　主谓句式在历史上以及今天的口语和文学作品中不是主要句式。20世纪初它因白话文运动兴起和翻译小说引进而开始流行于书面,如今已广泛应用于现代汉语书面语,是各类公文、法律文本、商业合同、新闻评论、学术论文、科研报告等正规文体中最常用、最主要的句式。有些场合几乎全部使用主谓句式。本书讲的写作规矩是从主谓语法逻辑角度来制定的。

　　多年前,中学语文课还教一点主谓语法知识和相应的主谓结构的形式逻辑(合称"主谓语逻")。1988年取消了语逻课程。这一措施对不同的需求来说有利有弊,对于美文创作来说是利大于弊,但这点小利对于几年后的大学学习和今后的生活工作来说,得不偿失。

1.4.2　话议句

　　"话议"从"话题-议叙"紧缩而来,这个词有点陌生,其实早在半个多世纪前赵元任先生就写过里程碑式的话议语法书①。虽然这个术语讲得不多，但这种句式大家天天在用，熟得不能再熟。只不过大家是自然会用，能意会，但不一定清楚其中的原理和规则。

1.4.2.1 话题和议叙

话议结构分两部分，前面是话题，后面的一个或一串"议叙"成分是对话题的"夹议夹叙"，包括议论、说明、评价、叙述等。话题是个宽泛的概念，包含主语。话题和议叙两者的关系松散，通常没有严格的逻辑关系。下面的例句用竖杠分开了话题和议叙：

> a）鸡 ｜ 吃了。

> b）王冕 ｜ 七岁上死了父亲。

> c）垃圾分类，｜ 从我做起。

> d）垃圾分类，｜ 从塑料瓶做起。

> e）这瓜 ｜ 吃着很甜。

> f）你，｜ 是应该好害怕的！

例 a 是 20 世纪五六十年代主谓语法大讨论中的典型难题。"鸡"如果分析为主语，那么可以是施事，也可以是受事（被吃了），即施受同型。例 b 更麻烦，"王冕"不是动词"死"的行为者或作事（Doer），也不是施事或

---

① Y. R. Chao. *A Grammar of Spoken Chinese*［M］. Berkeley and LA：University of California Press，1968.

受事，死的是他父亲。所以这两个句子要从话议语法角度来分析。例 c 和例 d 合起来看，可以看到话题和议叙之间的关系很松散。这两句的话题都是"垃圾分类"，后面可以从"分类"的施事"我"来进行说明，也可以从"分类"的对象即受事"塑料瓶"来说明，而这个受事又是话题中的话题"垃圾"（"垃圾分类"内部也是个话议结构）的一个子类或一部分。例 f 看似是主谓句，其实是话议句，"是"是加重语气的助词，不是系词。

1.4.2.2　流水句与意群

话议句的标志之一是句界不明，尤其是话议句中的流水句，指一连串小句连贯而下，构成一个意群。

a) 李逵听得溪涧里水响，闻声寻路去，盘过了两三处山脚，来到溪边，捧起水来，自吃了几口，寻思道："怎生能够得这水去把与娘吃？"立起身来，东观西望，远远地山顶上见一座庙……

b) 店家切一盘熟牛肉，烫一壶热酒，请林冲吃，又自买了些牛肉，又吃了数杯，就又买了一葫芦酒，包了那两块牛肉，留下碎银子，把花枪挑了酒葫芦，怀内揣了牛肉，叫声相扰，便出篱笆门，依旧迎着朔风回来……

c) 让那先生两口剑砍将入来，被武行者转过身来，看得亲切，只一戒刀，那先生的头滚落在一边，尸首倒在石上……

d）宋祖英被保姆偷巨款后，报警抓进监狱，宋祖英的做法让她永生难忘。

e）我姊妹三个，我是最没有出息的一个，嫁的[得]不好，[ ]熬了十几年还是个派出所所长。

前三句摘自《水浒传》，是典型的流水句。例 a 长长的一串小句中，其间很难用上句号。好像一个段落、一个意群就是一个句子。这可以看作是一个话题多个议叙。例 b 的一连串小句中，话题从店家无形中转换到林冲。例 c 与其看成话题的变换，不如说整个意群的话题是那先生和武松打架，至于打斗中哪一剑哪一刀谁施事谁受事，梁山好汉可不管，读者需根据上下文意会。后两句是现代例子。例 d 也是话题在意群中悄悄转换，读者需从文意来领会。尤其是第二个小句"报警抓进监狱"，是宋报警，保姆被抓进监狱，但话题都没出现。例 e 有点意思，方括号里隐藏着一个前文未出现过的新话题"我老公"，蕴含于"嫁的（得）不好"，读者可由此意会。

1.4.3 主谓句和话议句的区别

主谓句和话议句的区别主要有：1）主谓句前后两大

部分之间的逻辑-语义关系明确，话议句不明确。2) 主谓句句界分明，话议句则常常句界不明，一逗到底。3) 日常说话主要用话议句，所以话议句比较口语化，主谓句更为书面化。4) 主谓句可以写几十个字的长句，甚至更长（当然也可写短句，如"这是水"）。话议句由一个或多个小句构成，每个小句很短，但可以有很多个小句。一个长的话议句组成一个或多个"意群"，多时有数十个小句。

阿宝爸爸说，一提到具体细节，先生是老习惯，慢慢贴近我，咬耳朵，声音像蚊子叫，嗡嗡嗡，窸窸窣窣，窸粒窣落，我以前到 DDS 见先生，声音同样轻，但我现在，已经听不惯了，讲的大部分，就是我多年申诉的内容，我已经写了几百遍，毫无兴趣，唉，真是难为了先生，应该讲，变的人是我，先生还是过去脾气，我已习惯闷头写材料，独自闷想，根本不习惯开口谈论了，后来，先生岔开话题，提到另外几种，最复杂的背景细节，我心里一沉，先生当年经手的内容，不晓得比我深多少倍，责任重多少倍，一肚皮的陈年宿古董，三角四角情报交易，牵涉到敏感事件，敏感人物，先生随便讲，随便提，我表面麻木，心惊肉跳，先生的记性，特别清爽，也经常混乱，因为是老了，长年不接触政治，不参加学习，完全过时了，像一个老糊涂，其中只有小部分内容，现在可以公开谈，大部分内容，即使到了将来，恐怕一个字也不能谈，一百年以后也不能谈，有的内容，我心知肚明，有的内容，我根本是两眼翻白，有的内容，可能先生讲错了对象，有的呢，是我记错了对象，唉，这次碰面，一言难尽。(《繁花》)

上面这个话议式流水句由 66 个小句组成，至少四五个意群，有的是一个意群还是几个意群，界限不明显。最可注意的是，66 个小句都很短，平均每句只有 5.8 个字，最长的不过 10 个字。

这样的句子所运用的话议语法和所蕴含的汉语自然逻辑，正如"莫言"所说，是不用刻意去学的，凡说汉语的都能自然而然地掌握。但我们写作课要学的是写主谓句以及它所蕴含的形式逻辑，这不学是掌握不了的。

1.4.4　两个连续性

话议结构和主谓结构是就句法的两端而言，它们之间存在两种中间过渡状态。

一个是句式分布的连续性，即从话议句式到主谓句式之间不是划然可分。例如"嫁 de 不好""一群小鸭子快乐 de 在河里游泳",这两个"de"是"的"还是"地"分歧很大,显示出话议结构和主谓结构之间的纠缠(详 L13)。

另一个是运用场合的连续性。尽管本书主要谈使用主谓句写常文的规则,但不是说话议句就绝对不适合常文。主谓句更适合写常文,话议句更适合写美文,是一般倾向。不过常文内部也有不同:说理文、说明文以主谓句为主,描写文相对次之,记叙文多用些话议句无妨。什么文体用什么句式是个比重问题。读者如果明白了这一点,知道话题和议叙之间常常逻辑关系不明确,那么写常文时用话议句也没问题,因为我相信他能避免因逻辑关系不明朗而造成歧义。

一般写作者对此没有明确的区分意识。教育程度高的人说话文绉绉,那是掺杂了修饰语较多、较长的主谓句。写作也是如此,教育程度高者浸淫于主谓句的机会多、时间长,落笔之际主谓句也会多些。这当然说的是一般特点,有些是明确意识到这两种语体及句式的。但大部分人对不同的语体和语法并没有明确意识,在写以主谓句为主的说理文时容易掺杂不适当的话议句。这种混搭是造成条理不清的原因之一,后文会提供例子。

总之，尽管话议句和主谓句就其两端而言泾渭分明，但它们中间是一个逐渐过渡的状态。有些不一定能明确区分，但这对实用不造成障碍，常文习作要避免的是上文举的那些典型话议句式，尽量靠近逻辑-语义关系明确的主谓句式。

1.5　写作和阅读各有侧重

语文课主要教阅读和写作[①]。写作的高下直接反映学生的语文能力，间接或部分反映语文教学水平。

传统作文之法无非多读多写，背诵加模仿。"莫言"说的就是这种作文法，并加上了他自己的经验：语文课就是要多读文学作品，他能写那么好的文字却从来没学过语法逻辑，所以"没必要让中学生掌握那么多语法和逻辑之类的知识"，这留给大学中文系就行，要学的话八十岁也不迟——就是不必学。因为"一个基本上不懂语法的人，完全可以正确地使用母语说话和写作"。这话适合主要用于美文的话议语法（如上 66 个小句的例子），所以"莫言"说得没错，他心目中的写作就是美文创作："沈

---

① 　口头表达当然也重要，但一般不提上教学日程。

从文未必能写出一本语法方面的书，而写了很多语法书的吕叔湘，好像也没能写出一部很好的小说。"

这种看法其实代表了大部分人的观点，并贯彻到教学政策中：语法逻辑知识三十年前就不再作为教学重点了。所以现在的语文课程，无论是阅读还是写作，都以美文为主。其实，对于语文教学来说，应该有个侧重：

阅读<u>可以</u>以美文为主；写作训练<u>必须</u>以常文为主。

这是语文课程设计的首要注意事项。用住房来比喻，常文是地段面积结构朝向采光通风用料施工质量等硬条件，美文是室内装修的色彩格调品味。阅读管的是装修，品味靠审美熏陶，靠多读来潜移默化。作文是建筑工程，要教具体操作。

汉语以话议结构为主，主谓结构是特例①。学会中国话，就自然而然掌握了话议语法和汉语自然逻辑。主谓结构在古白话、现代口语和文学作品中只是辅助句式，但在现代汉语书面语的正式文体中是主要句式。各类应用性文体如公文、法律文本、商业合同、科研报告、学术论文、新闻评论，用的主要是主谓句式。所以，"莫言"所代表

① Y. R. Chao（赵元任）. *A Grammar of Spoken Chinese* [M]. Berkeley and LA：University of California Press，1968.

的普遍看法一方面是对的，因为话议语法和汉语自然逻辑是随幼儿学话而自然习得的，不用刻意去教去学；另一方面又是错的，因为主谓结构的语法和逻辑是要有意识地努力学习的，否则上了大学写学期论文，学生自己和老师都会觉得基础训练不够。

为了常文写作的需要，语文课应该恢复语法逻辑课程。一句一句句号分明的常文的主谓结构语法，以及相关的主谓结构的形式逻辑，需要系统地教、认真地学，而不能让学生在阅读中自己去"悟"。学逻辑不是指记住很多逻辑知识，而是培养叙述有条理、说理没矛盾的能力。知识和技能的区别可以拿发音来举例，比如有个南方人将哪个字平舌音，哪个字翘舌音这些语音知识背得滚瓜烂熟，但实际上技能没练到家，一发音就可能搞混，或即使没搞混也发得不地道。

1.6　对象和主旨

本书的读者对象，宽泛些讲，是对常文写作有需要或有兴趣的读者。特定一点的对象是大学生，甚至中学生。大学生文理皆宜，也不仅限于本科生，据我所知，研究生中也有很多需要写作指导的。此外，有些老师也可拿来作参考。

有太多的老师抱怨大学生写论文缺乏基础训练,有的连写信都不会,所以有必要补习写作。这个"写作"包括大学的"写作"和中学的"作文"。两者只有程度差别,并无性质不同。这可以类比中学的"数学"课和小学的"算术"课,名称和程度有所不同,性质毫无区别。

美文创作是个人的创造性活动,本质上是无法教的,即使是作家本人也教不了。作家可以谈经验体会,可以激励文学青年,但很难编写教案,设计课程,因为创作是完全个人化的创新过程,而学校教育是程式化的通用性大众教育。好的语文教育,是合适的通用课程,加上老师教学时以及课外阅读或其他活动中的熏陶和激励。

本书讲的是可以教的一般性的常文写作,主要是描记文和说理文写作时的注意事项,以下几项常文写作不是本书的关注对象:

1)日常应用文,如借条领条、启事通知、写信格式等;各种公文,如请示、汇报、报告;专业性的规章制度、合同合约等。

2)高考作文——高考有高考的"套路",而且本书对此并不完全认同。本书对高考作文命题另有一些建议(详§7.5)。

3) 大学生论文的专业方面——专业论文有特定要求的写法和格式，不在本书讨论范围内；不过本书提供了学期论文撰写的基本功训练程序的建议（详§7.4）。

总之，本书旨在辅导学生训练通用写作能力，也协助教师设计常文写作课程。

第 2 章

平实准则：遣词造句

本章中的十余条遣词造句规则，主要是为写作准则一"平实准则"制定的，是准则一的落实措施。这些规则冠以"P"，含 Pingshi（平实）和 Plain（平易）的意思。

平实准则的落实主要是造句和遣词两大问题，语义和修辞也可看作广义的语词运用问题。

2.1　句式问题

常文写作有一条造句即句式运用的原则：

造句准则：a. 多用主谓句 ｜ b. 少用话议句，除非必要或能达意

这条句式运用准则包括肯定陈述（a）和否定陈述（b）。常文尤其是说理文要以主谓句为主，美文可以话议句为主。当然，在达意的前提下，常文中用些话议句无伤大雅，说不定还能增加修辞效果。造句准则是一条大原则，下面6条 P 规则都是具体落实这条准则的措施或注意事项。

P1　不一逗到底

一逗到底看似是标点问题，该放到后文"标点运用准则"一节（详§4.2）中，但实际上是语法问题。标点

符号是一百年前与翻译作品欧化句一起引进的，适用于主谓句。话议结构常常句界不明，所以一逗到底是常态，这以"流水句"尤甚。

a) 那天晚上喝酒，我就跟他们一块玩儿，这个人打一下［指玩飞镖］，那个人打一下，都打不着，我说我来，一打一中，一打一中，全打红心，英国这些阔洋佬们觉得非常佩服，真厉害，我们一起喝酒，他们就跟我说日本鬼子侵略中国怎么可恶，他们把我抱到桌子上面，说今后我们就参加你的游击队，打日本鬼子，我们和你一道去，那天挺得意。

短流水句常用于一个意群，例 a 就是杨宪益叙述一天晚上在伦敦一家小酒馆里的一连串事情，整段 18 个小句一逗到底。

长流水句则溢出到几个意群，如前文 §1.4.3 中 66 个连逗的流水句覆盖了好几个意群。一逗到底见于美文的居多，常文中记叙文也不完全排斥。

b) 教授本意是抢救濒临消失的语言品种，我却有点迷茫……在遂溪地 60 年代出生的人，从小学起跟老师读白话，能说普通话的人寥寥无几，现在的小孩自幼儿园起跟老师学普通话，母语被边缘化，说普通话反而比说母语畅顺，回到家里便和父母说普通话，父母为了配合孩子，也学着说普通话，这样，孩子对母语慢慢淡化，甚至不会说，只说普通话，这样，我们现在说的黎话和白话，若干年后，被普通话吞并并不是不可能。

例 b 作为学术报道型文章，按说应该是以主谓结构为主的记叙文，但写着写着却连逗起来了。

c）美国要分化党和人民之间的关系，这是一个阴谋，我们党的宗旨是为人民服务，为人民谋利益，这是与西方文化政治框架下所形成的制度体系显著不同的地方，这正是我们党成功的根本，美国无法摧毁这一点。

当前中国所面临的形势十分复杂严峻，但远没有到最困难的时候，现在中国最需要的是全体人民形成凝聚力，是全国人民团结一心，众志成城，任凭以美国为首的西方国家集团封锁、脱钩、冷战，我们都无所畏惧，坚持斗争，坚定意志，保持强大的信念，坚决与敌人斗争到底，最后一定能取得这场世纪之战的伟大胜利。

例 c 取自一篇政治评论文，两段文字都是一逗到底。第一段也许可以把画线的四个逗号改为句号。第二段 12 个小句难以分离，只能看作流水句。前两个小句本身能独立，但由于"没有到最困难的时候"是作为后面"最需要"的原因的，所以还是应该整个一段是一句。但它又没用表达因果关系的连词，因此这要读者自己来意会。整串流水句所表达的激昂情绪我们都能体会，但综合来看，它实在是概念不明，说理不清。这篇政论文反映出作者在学习、适应主谓句的过程中遗存的话议结构母语意识。

P2 少用对偶和排比

对偶即对对子，是汉语习惯用法，传统语文教育就是从对对子开始的，如"云对雨，雪对风，晚照对晴空"，一直为人所津津乐道。对子在诗歌里常可见到（律诗是必备），日常生活也充满对子，如门联、楹联，还有大部分的标语，如"高高兴兴出门，平平安安回家"。平时讨论问题，辩论用的也是对对子方式，比如针对"女子无才便是德"，反驳者就说"难道有才便无德?"或者说"难道男子有才便有德?"（详§3.2的L6）

对对子，符合话议语法的一条基本原理：对比原理[①]。用在美文中很好，就像上面讲的律诗必用、春联必用，但

[①] 对比原理指汉语句子中任何一个成分都自带对比性质，如"他在走路"，暗含"他没在吃饭"或"你在跑步"等，详§3.2的L6。

用在常文中有两点毛病。第一，可能为了迁就对仗、字数、平仄等，句意要读者自己去联想、去意会，这不符合明白准则。第二，在逻辑上，对对子不是矛盾式对立，如"白" vs."非白"，而是对待式对立，例如同一个"白"，可以对"黑"、对"黄"、对各种颜色。上面那个传统例子"云对雨，雪对风，晚照对晴空"，也可以对成"风对雨，雪对冰，晚照对晨曦"等，可以对的东西多不胜数。也就是说，对对子说出来的道理，比如"难道有才便无德"，不符合矛盾律，也不适用于排中律。这种用汉语自然逻辑来进行的论辩，会混淆充分条件和必要条件，是写常文需要避免的（详§3.2）。

排比是对偶的扩展，是老百姓喜闻乐见的语言形式。

a1）生活贵在舒心，亲情贵在关心，友情贵在真心，交往贵在诚心，愿我们天天开心。早上好！

a2）健康是我们的目标！长寿是我们的希望！幸福是我们的追求！快乐是我们的所有！早上好！

a3）有网络，天涯茫茫不遥远；有空间，人生旅途不孤单；有好友，留言问候心中暖；有互动，朋友真诚到永远！早安

例a是有一阵我常收到的问候语，可见在日常生活中，大家都喜欢且善于使用排比。

b）基层领导送温暖到农村，那墙上刷的大标语，是五言排比：住上好房子，过上好日子，养成好习惯，形成好风气。

例 b 是宣传领导关心群众生活，使用排比式话议句铿锵有力有声势，这是汉语话议句法使然。大部分宣传口号、政治口号都是以排比方式推出的，如"五讲四美""几要几不要"等。

排比一般是话议结构，用于美文美不胜收（例 a/b），用于常文惨不忍睹（例 c）。

c）为民用权，秉公用权，依法用权，谨慎用权。

日常工作能尽责，难题面前敢负责，出现过失敢担责。

有效用权、规范用权、谨慎用权。

体察民情、了解民意、集中民智、珍惜民力。

公款姓公，一分一厘都不能乱花；公权为民，一丝一毫都不能乱用。

把法律规范作为行使权力的依据、评判是非的标准、履行职责的要求。

法定职责必须为、法无授权不可为。

始终做到科学决策、民主决策、依法决策。

例 c 摘自某报一篇关于市委集中学习研讨"严以

用权"的新闻报道，没有一句不是排比或对仗，把新闻报道写成"现代汉赋"了。虽所言无误，但这排山倒海般的排比，是如此之壮观，读者不等读完就已心悦诚服，早已忘了"用权"本来是个用的问题，而不是说的问题。

d）利用"古代汉语"课、"中国文化专题"课等平台，讲好字里乾坤，讲好国学原典，讲好中国智慧，讲好优秀传统，讲好中国故事。

d′）利用"古代汉语"课、"中国文化专题"课等平台，讲好字里乾坤、国学原典、中国智慧、优秀传统，以及中国故事。

例 d 这段话是某高校古汉语教授在得奖大会上的发言。这个本来应是工作汇报，散文平铺直叙即可（例 d′）。但这么一写，马上可以发现"讲好"后的五项东西不是互补的，逻辑上无法一二三四五这么并列排下来。这课主要是讲"国学原典"，国学原典里有"中国故事"，对这些故事进行语言分析，可以窥测字里行间的音韵训诂等奥秘（字里乾坤），而这些故事讲透以后能揭示出"中国智慧"和"优秀传统"。要是这么写这么讲，显得辞费，分析太细，没劲。运用排比，就可把不是逻辑互补的东西一一排列起来，更重要的是，可选择节奏铿锵、字句优美的表达方式。这符合汉赋以来的写作传统，宁可以辞害意，也要文句典雅，因为这更有感染力。对于只熟稔中文的人来说，讲理不是靠逻辑，而是动之以情，晓之以义利，还有对比同构推演出来的情理。而要能做到"动"与"晓"，就需要对比、排比的语言格式。还有一点很重要，句 d′ 的修改文字平铺直叙，读起来不如句 d 那么文从句顺。可见这里不单单是个字句优美的修辞问题，还牵涉是否合乎语感的话议语法问题。

尽管如此，常文写作若无必要，最好避免对偶和排比，尽量使用散文化的主谓句式。

P3　避免杂糅

有一种被认为错误的句式叫"杂糅"，即把两个独立结构糅到一起，如"迅雷不及掩耳盗铃之势"（迅雷不及掩耳+掩耳盗铃）。再举如下例子：

离开镁光灯背后 ［离开镁光灯后+在镁光灯背后］

他的老婆被人给杀了 ［她被人杀了+她给杀了］

气愤的球迷又把中国足球队的官方微博拉出来挨打 ［甲拉乙出来+乙挨打］

从主谓语法看，应避免这种杂糅句。

P4　避免夹议夹叙

从主谓语法看，应避免夹叙夹议。夹议夹叙是话议句中的常见现象，议叙语可以是议论、叙述、说明、评价等各种言语行为，所以写常文时需要注意，不要习惯性地夹议夹叙。

a）赵小兰姐妹六个，全部毕业于常春藤名校，这样棋逢对手的家庭教育及背景，也难怪特朗普对赵小兰如此器重。

b）今届诺贝尔物理学奖其中一位得主、82 岁旅美英国退休物理学教授索利思（David Thouless）<u>喜获殊荣</u>，原来他患有认知障碍症，其前同事慨叹，他可能连自己得奖亦懵然不知，奖项来得太迟。

c）有一个英语绘画比赛电视节目，主持人在揭晓结果前很简明地说："Someone will be off."（有人将出局），中文字幕却是"<u>惨遭淘汰</u>"。

d）<u>荣获晋级、喜获丰收</u>、喜迎嘉宾、千禧年

例 a 中前半"毕业"是叙，后半"器重"是议。这样来写议论文，"夹议"出来的原因（特朗普器重赵小兰是因为她的家庭教育），一定不符合逻辑，基本上只是作者的想象，哪怕议对了也只是瞎猫碰上死耗子。

夹议夹叙的一种常见手段是通过构词方式来表达。例b的"喜获殊荣"中，"获（得）荣（誉）"是叙述，"喜"是作者代替获奖者表达心情，"殊"是作者对诺奖的评价，就这个小句，夹叙夹感夹评。例c把一句很平易的"出局"译成煽情的"惨遭淘汰"。例d是更多的类似构词。此类在叙述时融入叙述者自我感觉、自我判断的情况极为普遍，它反映了也制约着中国人的思维方式。

这样的构词如用于第一人称可以接受，如：（我）欣闻/惊悉/喜看/喜闻/乐见，因为表达的就是自身感受，当然大部分场合只是套话。如果用于对称，如：（您）光临（我）寒舍/莅临/惠顾/惠赐，那相当于敬谦词。而用于第三人称时，就显得有移情作用；用于美文没问题，但若用于以主谓语法为主的常文中，则不妥当。

P5　少写长句

长句在话议句式的流水句中是常态（如§1.4.3中66个连逗的句子），建议尽可能一个流水句不要包括多个意群，一个意群后就用句号。

长句在以主谓句式为主的常文中有两种情况。一种主要是记叙文或描写文中主谓句和话议句混用，形成类似流水句那样的长句，如P1例c。又如下例，画线的两个逗号最好都改为句号。

> 蒙古国又称外蒙古，因与我国内蒙古接壤而被熟知，蒙古国幅员辽阔，面积约 156.65 万平方公里，[其中] 山地面积约 77.7 万平方公里，戈壁面积 40 万平方公里，两者占到总面积的 75%，全境平均海拔约为 1 580 米，气候四季分明，降水较多。

另一种情况主要是说理文中带长定语的主谓句，这在翻译作品中常见。如有可能，不要太长。

P6　并列项不要失衡

用顿号分开的各并列项之间要有全方位的相似性：例如不要一个单音节词，另一个长长的词组；也不要一个名词性结构，另一个动词性结构。

> 淘宝店家、天猫、京东、拼多多等等网店主

上例中"店家"是多余的，有了它便与后面三个并列项不平衡了。

2.2　语词问题

常文写作有遣词，也就是词语运用的原则：

遣词准则：a. 多用平实词语 ｜ b. 少用浮夸大词

遣词准则包括肯定陈述（a）和否定陈述（b）。本节（§2.2）内的 P 规则是落实此准则的细则。

P7　多用动词名词 | 少用形容词

尽量用动词和名词来传意；不用或尽量少用华而不实的形容词，除非想取得某种修辞效果或有其他理由。例如，把鸭子叫"鸭子"是平实的传意，加两个形容词，"丑小鸭"就不是鸭子了。

准确地使用名词描写对象，用动词叙述过程，要比用有夸大之嫌的成语形容词更能达意，也更有力。比如有个谈澳大利亚内陆的英文节目，用了三个名词性结构来描写当地气候："No rain. Sun. Lots of sun."直译就是"无雨，日照，大量日照"，很平易的表达。但中文字幕却是感情色彩十足的"艳阳高照"。译者凭空添加的形容词"艳"，不知是不是反映了他的大好心情，但问题是澳大利亚内陆是极其干燥炎热的恶劣气候，"lots of sun"是骄阳似火毒日头的意思。

能用动词和名词说清楚、说明白，就不要加形容词。不要写得花里胡哨，否则即使你自己明白是怎么回事，读者也可能会被花哨的词语带到歧路上。

　　a）经过这一轮的全国税务大清洗，估计以后电商将<u>彻底</u>告别低价阶段。

　　b）整编 74 师的战斗力极强，如果 1 比 1 的战斗，胜负尚未可知，但我军不打算和 74 师<u>公平</u>决战。

例 a 中"彻底"可删。例 b 中"公平"必须删，因为战争不是拳击比赛。后者如果两个人上台打一个，那是不公平，但战争几倍兵力围歼敌军是战略战术，与公平无关。

本规则说的少用形容词主要指少用作为定语、状语的修饰性形容词，定状语中的区别性形容词、谓词性形容词该用还得用。程度性的定状语（包括形容词和名词，如"彻底、全面"等）应以准确、符合事实为标准。

喜欢或不由自主地在名词、动词上附加形容词的构词方式，是话议语法的常态（详 P4）。

P8　少用套话

"常言道""俗话说""古人云"不要多用，尤其不要以此开道来讲道理。

　　a）"女为悦己者容"，慈禧花在梳妆台的时间，也十分惊人！

　　b）<u>日月穿梭，物换星移</u>。千万年来，人类在历史的长河中生生不息代代相传，一步一步走到今天。每时每刻每分每秒都有人离开这个世界，又都有新的生命来到世上。

例 a "女为悦己者容"，也许是大部分女性梳妆打扮的原因，但慈禧是为哪个"悦己者"容呢？例 b 是一篇学术论文的开场白，用类似"比兴"的套话起始，想表达"时间流逝"的意思，但紧接着"千万年来……历史长河……生生不息代代相传"，讲的也都是"时间流逝"，所以这只是话议句的"形式起始"，符合汉语读者的阅读习惯，也符合汉语逻辑的叙述方式。要是把它删了，不这么比兴起手，可能反而显得文气突兀。所以话议句的比兴开头起到"发语词"的作用："呜呼，夫，Well"，像戏班子开演前敲的锣声。这跟学术论文的风格不搭。

套话说习惯了，以为这就是因果关系了，好像前面引个成语作大前提，下面就是一个合理的结论。其实世俗智慧往往自相矛盾：男子汉大丈夫宁死不屈 vs. 能屈能伸，金钱不是万能的 vs. 有钱能使鬼推磨，瘦死骆驼比马大 vs. 虎落平阳被狗欺，人不犯我我不犯人 vs. 先下手为强，等等。如果都这么用套话开头来说理，说理文就成了说相声了。

P9　慎用生词

有些作者喜欢移植专业术语或使用生僻词语，用得恰当自然很好，但更多的时候是莫名其妙。如果作者再花力气解释，那还不如不用。要是解释也解释不清楚，那就直接违反了"明白总则"。

a）促进养老服务业内涵式发展。

b）好的作文题应该是蕴含思想深度的，在思力上也应是有无穷可能性的，至少国家层面要有意做这种引导，而不是让这些青年都去重复那些一目了然的公共结论，都去靠一些小小的思想甜点过日子，因为作文最终的目的是要解放考生的想象力，享受汉语之美，进而培养有独立思想的现代人。

例 a 取自一篇研究社会服务业的文章，作者移植了一个逻辑学术语"内涵"，但"内涵式发展"不知所云。内涵还指人的内在涵养，再引申到文学艺术作品所蕴含的哲理，这些意思好像也无关"内涵式发展"。例 b 取自一篇评点高考作文命题的文章，内容很好，就是"思力"这个生僻词不知何指。想来应与"公共结论""思想甜点"相对，又能涵盖"想象力""品美鉴赏力""独立思想"，那么，是不是指个人的、有深度的、有想象力和品鉴力的思考能力？但思考能力有无穷可能性是什么意思？

方言俚语相对于通语来说也是生僻词语，说理文中应尽量避免使用。描写文中若无特别需要，也不要多用方言俚语。记叙文对此标准可放宽一点。美文不在此列。当然，如果有需要，比如涉及地方文化，还是可以用的。

　　c）上海是<u>作得一天世界</u>，把<u>老底子</u>那股优雅到骨头里的品味都<u>作脱</u>了。

　　比如例c，"作"是上海或江南女孩特有的撒娇或撒娇式撒泼，"老底子"是上海话从前的意思，在描述当地文化习俗时不用还真没有更合适的词。

　　比慎用生僻词更进一步的是不要生造词语。有的生造词语如"战绩赫赫"，尽管意思明了，但如果不是有别于"战功赫赫"或别的修辞需要，就没必要自己另造一个"战绩赫赫"。另外，这几年网络新词层出不穷，尤其在年轻人群体里，如"不明觉厉、人艰不拆、十动然拒"等"后现代成语"。虽然语言文字在不断发展变化中，但变得太快并不是一件好事，所以大部分流行词在一代人以后就被淘汰。对于正式文章来说，不要用生造的词语。不过有两种情况可以放宽新造词语的"紧箍咒"。一是研究中发现了新事物，必须要有新名词，生造也得造，如"话议结构""同构推演"等。这些新概念如果不新铸术语，还是"旧瓶装新酒"，一定会误导读者。二是有某种修辞需要类推或仿造一个新词语，读者按上下文可以轻松理解。这样仿造的新词语如果传神，很有可能传播开而为整个语言社团接受。

P10 用成语要理解原意

成语和四字格熟语是很多写手的心头之爱。不过最近这些年误用的情况很普遍，一个几乎要积非成是的例子是把"首当其冲"（原义为首先挨打）当成"首先／一马当先"使用。下面是更多的例子：

a)

图1 "龙飞凤舞"的签名

b) 爷爷说过不许外传，可他没说不许我教媳妇。虽然小珺将来和我<u>有名无实</u>，可她会给我生孩子，陪我一辈子……

c) 学术界知识界的吵架，<u>美其名曰</u>"辩论"。→学术界知识界的吵架，叫作"辩论"。

网上有篇传播很广的评论，说例 a 中的签名"龙飞凤舞，张牙舞爪"。我怎么也看不出龙牙凤爪，我看到的是一根根铁棍儿杵那儿，死硬死硬，构成一道透出内聚力的铁栅。例 b 小两口有夫妻之实但无夫妻之名分，所以这里需要活用成语，改为"有实无名"。例 c 取自本书 §3.2.2，箭头前是初稿，"美其名曰"是成语，用在这儿略带贬义，没必要，定稿改为平铺直叙的"叫作"。

"少用成语"是个注意事项，不是禁用规则。成语运用合适，可以言简而意达。本书内不避成语，如：

　　d）以讲清楚为原则，不以辞害意。（§1.2.3）

　　e）排比一般是话议结构，用于美文美不胜收，用于常文惨不忍睹。（§2）

　　f）倚马千言，当然很天才，但这难得，不足为训。（§4，W16）

上述例句中有下画线部分都是成语，但用得其所，恰好表达出我们想说的意思，否则得啰唆一通，还不一定达意。

P11　注意搭配不当

词语搭配不当是个大类杂类，指前后成分有不协调、缺乏照应处，包括时间、事件、事物、事理、褒贬、语义轻重、范围广狭、主宾语的概念对应、动宾的语义-逻辑关系等照应关系。简单地说，就是用词不当。

先看动宾搭配不当的例子：

a）他看了一下手机说："依依之前的提名是方先生，芬芬，你说说你的想法。"李芬芬玩了一下手里的笔，说："我答应了。"

b）最终大家都知道的结局是，任何人都没有能够阻止李嘉诚大规模撤资，去往英国的决定与事实。

例 a 中"答应（提名）"应作"同意（提名）"。例 b 中"阻止去往英国的决定"拗口，"阻止李嘉诚做出去英国投资的决定"较顺口。"阻止……事实"不通，应改为"实施"："（阻止）李嘉诚去英国投资决定的实施。"其实这里是三件事，要分成三个动词性联合宾语才更合理：阻止撤资（不成，然后）阻止做出决定（又不成，然后）阻止实施（还是不成）。

下面是主宾语概念搭配不当的例子：

c）知情人士说，在香港经营的国有企业是世界上税率最低的国家之一。

d）大批民众将安全局大楼围得水泄不通，并高举着"××下台"的口号，其意图不言而喻。

例 c 中"企业"不是"国家"。例 d 中"高举"的应该是标语，高喊的才是"口号"。

另外，例 d 中"不言而喻"是不说也明白，民众把意图都喊出来了，不是不言，而是大言特言。这是语义前后抵牾，下面也是语义抵牾的情况：

e）根据报告，伦敦<u>继续登顶</u>全球第一大离岸人民币外汇交易中心宝座。

f）2009—2015 年，6 年时间全球电力消耗量增长了 17%，而中国增长了 52%，美国只增长了 6%，全球电力<u>消耗</u>量增长的 57% 是中国<u>贡献</u>的。

例 e，伦敦已经"登顶"，"继续"登就是天堂深渊一线间了。例 f 中"贡献"一般指正面的东西，所以"贡献增量"可以说，但"消耗"是负面的东西，跟"贡献"不相配。

下面这些例子是作者没掌握好词义：

g）华盛顿向他的部队传达的信息<u>暴露</u>了其中的利害关系。

h）邱之豪<u>强奸</u>了张峰的名字，邱小慧<u>霸占</u>了苟晶的名字。

i）谈一下种族问题方面的<u>刻板印象</u>（stereotype）……有些警察在面临黑人的时候，这样的刻板印象会让他更快做出致命的行动。

j）他是个十分<u>钟情</u>的男人，他对老婆<u>甘之若饴</u>，不会轻易对其他的女人动心。

例 g 中不是"暴露",是"揭示"。例 h 用了两个表达强烈情绪但不副实的词,恰当的表达是"偷偷使用/窃用"。例 i,"刻板"是脱离语境地对译 stereotype,用在这儿改为"固有/固化印象"可能更恰当。例 j,"钟情"应改为"专情/痴情";"甘之若饴"多添言外之意:他老婆又恶又丑,他却觉得很香甜。

    k)在合同中,我国建筑相关建筑公司将铺设一条从意大利到法国的高铁线路。这条铁路的铺设将有效缩短两国间的交通距离,促进两地及沿线城市的发展。

    k′)合同规定由中国某建筑公司铺设一条从意大利到法国的高铁线路。这条铁路的建成将大大缩短两国间的交通时间,促进沿线城市的发展。

例 k 可作为胡乱搭配的典型,短短两个单句,需要改正的地方有五六处,最不用脑子的一处是:铺了铁路,缩短的竟是距离。其实应是时间。可改为如 k′。

2.3　语义、修辞及其他

为落实平实原则,还有一些修辞、语音方面的规则,广义来说,也属于词语运用,

P12　前后要有照应

2.3.1　语气缺乏照应

语气或口气的照应上。有一些表示语气的副词，使用时容易出现连贯性问题。

a）几个月来汇丰银行的市值，损失超过 7 000 亿，而且全球将要裁员 3.5 万人。面对如此大的损失，汇丰银行居然怂了。

b）这一次，感谢 F 教授没有选择沉默，维护学术精神、学界正义，使得 Y 教授从理直气壮诡辩到低头认错、自罚三杯。

例 a 中"居然"表示出乎意料的感觉，要有跟前面相反的意思才能照应。"面对如此大的损失"，出乎意料的应该是"居然还不服软"。如果是"怂了"，那在语义上与前照应的应该是"面对如此大的损失，汇丰毫无悬念地/终于认怂了"。例 b 中 Y 教授犯的是一个严重的剽窃错误，需低头认错。"自罚三杯"，好像口气没那么严重了，且有戏谑义，把一件严肃而严重的事情淡化了。

2.3.2　语义缺乏照应

首先表现在语义的正反、褒贬前后不一：

c）没想到，她一直隐忧的事［指鄱阳洪灾］，就在回家后的第五天隆重来袭。

d）这不是当着中医界的人，赤裸裸打马家的脸么？所以<u>爱屋及乌</u>，在得知陆凡竟然是陆福庆的弟子时，马则修自然看陆凡也<u>不顺眼</u>。

例 c 中"隆重"是褒义词，用在灾难这种坏事上不妥。

例 d 中"爱屋及乌"是爱，"不顺眼"是厌，意思矛盾。

2.3.3　形式上缺乏照应

e）该纪录片通过德国、<u>意大利</u>、<u>日本</u>三个轴心国分别在欧洲、<u>亚洲</u>、<u>中东</u>所挑起的战争，表现了在第二次世界大战中，世界反法西斯联盟在海、陆、空的各个战场上英勇抗击法西斯侵略者宏大场面。

德国、意大利、日本分别在欧洲、近东（埃塞俄比亚）、亚洲挑起战争，所以例 e 中"亚洲"和"中东"次序要交换。

从大概念来说，本小节所谈的缺乏照应也算是词语搭配不当，P11 谈的是一般性的搭配不当，P12 前后语气、语义、形式等缺乏照应是特定的搭配不当。

P13　不要以音害意

以辞害意说得够多了，以音害意其实也很常见，只不过一般隐藏在对偶、排比等的节奏和押韵中。以前还有平仄约束，现在当然没这么一说了（严格讲，"一说"还是有，是平仄没有实质性区别了）。

a）古老笑呵呵说道："龙神殿的事情，是祖龙殿的分内之事，<u>凡我异族，必有异心</u>。"

b）他的妻子<u>深受重伤</u>目前正在抢救中。

例 a 为了音韵铿锵，用了四字格对子。但从意义上来看，"凡我异族"不通。猜测作者的思路大概是这样的：凡异族（必有异心）>（为了四字格对偶）>凡·异我·族（勉强可接受）>（为了节奏对称而调整结构）>凡·我·异族。汉语中的确存在由韵律制约而造成的结构调整[1]，如：制·电影片·厂>电影·制片厂 ｜ 签·火车票·处>火车·签票处；韵步重新切分：一衣带·水>一衣·带水。这些都因为广泛应用而成为固定结构。一般散文中不应为硬凑节奏而生造词语。例 b"深受"可能为"身受"之误，不管哪个都是凑四字格。

P14 比喻要贴切明白

描记文会用到比喻，就是说理文也可以用打比方来

---

[1]　吴为善. 汉语韵律句法探索 ［M］. 上海：学林出版社，2006：43—45.

启发或帮助理解。原则是要贴切，也就是要平实。以 P10 图 1 的签名为例，龙和凤到底什么样我们都没见过，想象中龙凤都是弯曲游弋的优美身姿，而那签名既不弯曲也不优美，所以我用了个很俗的铁栅栏比喻。有两位朋友评论这签名，一说像"心电图"，一说像"声波图"，这才是贴切的比喻，虽然表面上看上去没龙飞凤舞那么美，也没张牙舞爪那么生动。前者是言之有物，后者是空洞的套话。

常文中的比喻一般是拿熟悉的事物去代替陌生事物以帮助理解。有些文章大概为了"新奇"，反过来用不熟悉的东西打比方：

a) 50 岁以上的男性占了总死亡人数的 82%，50 岁以上中老年男性是病毒的<u>标底</u>人群。

百度百科：标底是招标投标的术语，指内部掌握的建设单位对拟发包的工程项目准备付出全部费用的额度。

例 a 中"标底"对大部分人来说是个陌生概念，也许能模糊感觉到一些皮毛，但肯定不了解它的确切含义。看百度百科定义更是有点摸不着头脑。这样的比喻，比不用还难以理解。

b) 这个世界上的大哥是暂时的，只有大哥需要你去拼命的时候，大哥才是大哥；朋友是薛定谔的，只有朋友被美国抛弃的时候，朋友才是朋友。

例 b 中大概是用"薛定谔的猫"来比喻既是朋友又不是朋友。不过大部分读者并不熟悉这只猫，所以最后两个小句到底什么意思就更不明白了。

P15 敬谦/褒贬别用反

敬辞和谦辞都是表达说话人对受话人尊敬、客气的口气，但两者方向不同：谦辞是用在自己身上，敬辞用于对方。

a）我目前在学习写作的过程中，部分优秀的电影作品擅长使用方言，其中方言的运用对电影风格的形成格外重要。学习这门课也会对本专业研究<u>略有帮助</u>。

例 a 是一个同学对老师讲的话。这位同学希望老师讲的这门课对他的写作有帮助，但他把"略有帮助"的敬谦方向搞反了。如果是老师说他这门课可能对同学"略有帮助"，那是谦辞，是老师客气的说法。从学生这方面来说，他应该用敬辞：这门课对我们"大有裨益"。这是学生对老师说的尊敬话、客气话。但例 a 中的那位同学说老师你这门课对我"略有帮助"，不是大言不惭，就是跟老师一家人不客气了。

b）老太太拄着拐杖的胳膊都在微微颤抖，满眼惊喜地看着坤儿："真的是坤儿啊，好多年没有见到你了，你过得还好吗？"

坤儿得意道："奶奶，我过得很好，今天还给你准备了一件厚礼！"

哪有这么厚着脸皮说我给您老备了份厚礼的。是薄礼，即使花了六百万。

有一类自称和对称的内外用词，也属于谦敬区别。常常会听到错用这类词，如"你家父""我令堂"等。

c）主持人朱军在电视节目《艺术人生》中对嘉宾毛新宇说："不久前，毛岸青去世了。首先，向家父的过世表示哀悼。"

"家父/家母"是自称谦称：在下我的父亲/母亲。"令"在文言中有"善"的意思，"令尊/令堂"是尊称：您父亲/母亲您老人家。

敬谦可以看成一对更大的褒贬概念中的一种特定对立。褒贬用错会引起误解，例如：

d）美国突然公布钓鱼岛归属的最大铁证！世界一片哗然！！

美国导演里比（Chris D. Nebe）拍了部有利于中方

权益的关于钓鱼岛归属的纪录片，我们应该高兴。但"一片哗然"意思反了，是听到不好的消息，表示不满的吵吵闹闹。

P16 数字运用不要太随意

平实准则第一是实，记叙文要照实叙述。这涉及用词的准确度。

a) 2011 年，衡水中学向北大清华输送 70 人，<u>并占据河北省高考前 200 名中的一半</u>。

b) 2013 年，衡水中学<u>独占清华北大招生人数的 80%，104 位考入清华北大</u>。

不参考有关高考数据，仅从例 a 和例 b 两句表述有误的话来看，画线部分应改为：

a′) 2011 年，衡水中学向北大清华输送 70 人，约占河北省高考前 200 名中的 1/3 强。[假定考上清北的都在前 200 名中]

b′) 2013 年，衡水中学有 104 人考入清华北大，占清北在河北省招生总数的 80%。

即使这么改了，数字大概没问题，但上下句的逻辑条理依然有问题，详见后 L3。

c) 孟良崮之战，国民党共投入兵力 45 万人，解放军共投入兵力 27 万人，敌我兵力比为 <u>2 比 1</u>。看似国民党的兵力占优势，但孟良崮周边百里之内，总共只有国民党军 13.5 万人，而解放军聚集了 20 余万人，敌我兵力比变成了 <u>1 比 2</u>。而在孟良崮 10 里之内，解放军聚集了五个纵队共十余万人，狂攻张灵甫的 2.6 万人，敌我兵力比达到 <u>1 比 5</u>。

例 c 中的比值好像只是为了迎合表达意图而得出的约数，说明作者没想明白就落笔了，即没遵照写作的明白总则。文中三个比值，作者用了着重号，是他要强调的"事实"。但原文的前两个比值都约数约得太过："2 比 1"其实是"5 比 3"，"1 比 2"其实是"2 比 3"。第三组数值说起来很拗口，得读者自行意会：先说我军兵力十余万，然后敌军 2.6 万，接下去的比值又倒过来是"敌我……1 比 5"，而且用了个表示数值增大的"达"。如果以 1 比 1 的比值 1 作为比较原点，那么 1 比 5 的比值 0.25，应该是"降"，5 比 1 的比值 5 才是"达"。

如果作者和读者都认为原文没问题，那么所依据的不是主谓语法，而是话议语法的第三条适境原理。主谓语法要求首先按字面理解，并前后一致有所照应。适境原理允许读者有联想空间，可以按上下文和背景知识来理解。

还有一个倍数表达，此类错误触目皆是：

d）库页岛比台湾岛大两倍多。

库页岛约 7.6 万平方千米，台湾岛约 3.6 万平方千米；库页岛是台湾岛的两倍多/库页岛比台湾岛<u>大一倍多</u>。这个频繁出现的错误，可能是小学算术还给老师了。如果不是，那么就是喜欢说夸张大词引致：大一倍不够劲，要大两倍。

即使是约数，表达上也应合适贴切。比如有个视频报道某地村民包了个 20.18 米的长粽，视频评论说："这个<u>二十多米</u>的粽子"，更贴切的约数表达应该是"二十米多"。

P17　该省的省 ｜ 不该省的不省

该省的省，指句子要精练，不要有多余的东西，比如连用同义词，用字重复，过门①性的连词、介词、副词等：

a）估计以后电商将彻底告别<u>低价</u>、<u>便宜</u>、<u>薄利多销</u>的阶段了。

b）内部始终派系林立，稍有风吹草动，难免会<u>四分五裂</u>、<u>土崩瓦解</u>。

---

① 过门：歌词的前后或中间，由器乐演奏的一段曲子，具有承前启后的作用，此处用以形容具有类似性质的词。

c）他们的多位高管，主动承认他们的所作所为是受美国的胁迫，<u>不得已</u>才<u>不得不</u>拿出假的证据。

d）华盛顿向<u>他的部队</u>传达的信息揭示了其中的利害关系。

e）H某，现年50岁，<u>曾</u>是<u>前</u>中国国家队球员。

f）虽然有很多人都在说不能空腹食用香蕉，但是这种说法<u>却</u>没有什么根据可言，<u>可见</u>空腹食用香蕉是没有问题的。

g）<u>50岁以上的男性</u>占了总死亡人数的82%，<u>50岁以上中老年男性</u>是病毒的标底人群。

例a中"低价、便宜、薄利"是近义词，留一个就够。"多销"应删去，这是想象之词或成语套话，因为薄利并多销不是普遍的，有些薄利店不一定多销。例b中"四分五裂""土崩瓦解"同义，应删去一个。例c中"不得已"和"不得不"同义重复，应删去其一。例d是个翻译句子，"他的部队"是很臃肿的西文表达法，改为"华盛顿向<u>部下</u>……"较简洁。例e中"曾"和"前"留一个就够了。例f中"却""可见"都可删去。例g在接连的上下句中重复使用"50岁以上男性"，非常累赘，后一个可替换为"中老年男性"或"这个群组"。避免重复用字是修辞规则，强制性较低。

赘冗固然要去除，但不能为简而简。

　　h）中国对加拿大的投资额从 2017 年的 84 亿加元下降到 2018 年的 44 亿加元。2019 年上半年，中国买家对加拿大的投资额中的新交易数量从 ［　］ 165 笔下降到了 92 笔。

　　i）她妈妈觉得有些颜色<u>如</u>深棕色、黑色<u>等等</u>不适合小孩穿。

　　例 h 中方括号 "［　］" 处是省去了"去年同期"还是"2017 年上半年"？这种造成理解障碍的不能省。例 i 中，从逻辑上来说，连用"如/像……等"是同义反复，此类赘冗最好加以避免。但我们的语感没觉得有什么难受，而且自然语言表达并非最简数学公式，再说，这样表达说不定还有强调因素在内，所以不要为简明性所累。

第 3 章

合理准则：符合逻辑

"合理"是合乎理性、符合逻辑的意思。这个"逻辑"是主谓结构的形式逻辑，不是汉语自然逻辑（详§3.2）。主谓语法和相应的主谓结构的形式逻辑，合起来简称"主谓语逻"。

作文的合理规则是为满足明白总则和合理准则而制定的。这些规则冠以"L"，暗含 heLi（合理）和 Logic（逻辑）的意思。落实合理准则的写作第一要求与落实平实准则句式要求相同：主谓为主，话议为辅（详§2.1）。不过，本章的写法与第 2 章有所不同。第 2 章从头至尾简单明了地列出常文写作的注意事项，但本章先要讨论并指出用话议句式来讲理可能出现的严重问题，然后再列出常文写作的注意事项：如何避免汉语自然逻辑和个人因素的干扰，如何防止矛盾，怎么让语义关系明朗等。

3.1　注意条理

写文章要有条理，这对于要写学期论文的高校学生来说，具有根本重要性。条理性主要指逻辑性（L1～L3），宽泛一点也指按照某种标准（如时间先后、重要性大小）排列的合理性（L4～L5）。

文科学生尤其要注意逻辑性。理工科学生在学习数理专业知识以及研究工作中会潜移默化地锻炼逻辑能力，但文科学生读的书文中，逻辑大多难以令人满意。行文中的逻辑谬误据逻辑课本归纳有 24 种之多，下面列出几个比较重要、也跟语文关系较密切的情况。

L1 不要概念错位

概念错位有多种情况，最常见的是概念定义错位和偷换概念。

3.1.1 定义性概念错位

在用主谓表达的判断句/命题中，主词和宾词所代表的概念要符合逻辑，即小类与大类的关系。下面两例都错位了。

> a）天主教、东正教、基督教，同为基督教的三大派别。

例 a 中，Protestantism 的中译名留下了一个上下位概念混淆的问题，结果就含有"基督教是基督教的派别之一"的意思。下位概念的"基督教"换成"新教/清教"就清楚了：

> a′）天主教（Christianity）、东正教（Orthodox）、新教（Protestantism），同为基督教（Christianity）的

三大宗派。

　　b）艾萨克·牛顿爵士，是人类历史上出现过的最伟大、最有影响的科学家，<u>同时</u>也是物理学家、数学家和哲学家。

例 b 中用个"同时"，错把科学家和物理学家、数学家并列了起来。"科学家"是上位概念，包括"物理学家和数学家"。

3.1.2　概念偷换

偷换概念在常文尤其学期论文中是个大错误。在文学作品中也要避免，否则质量大打折扣。

　　c）老奴陆福庆几乎被当家的马天雄、马莹凤逼死，面临马家被灭门，求情道："他马莹凤、马天雄就算有千错万错，可说到底，这是他们两个人的罪孽。马家府邸上下<u>数千人</u>，如果让他们全都惨死在今晚的罗家报复之中。少爷你可曾想过，<u>上千条人命</u>啊，你日后又当如何去还？"面对陆福庆的苦苦哀求，陆凡脸上没有半点情绪起伏："你对马家有情，可是马家却视你如敝屣。你替他们求情，他们却恨不得你今晚就死。"

例 c 中，陆凡说，"你对马家有情/你替他们求情"，指上千马家人；"可马家视你如敝屣／他们却恨不得你今晚就死"，却是指当家人马天雄和马莹凤。这是偷换概念。

L2 不要错置因果

写说理文包括写或练习写研究报告，很重要的一点是指出某种现象的原因，但要小心各种误置因果的情况。一个常见错误就是混淆充分条件和必要条件（这可归入汉语自然逻辑的对比推演法，详 L6）。下面是另外一些常见的错误。

3.1.3 相关性不是原因

第二个容易犯的错误是把相关性当成原因。用相关性来作判断，出发点和想象、比喻一样，是基于同构旁推法的（详 L6 和 L7）。

　　a）正是靠着读书，建国历史虽短的以色列，却已经跻身于世界发达国家行列。

　　b）因梁山好汉多为武将，故以动物为绰号的居多，占总数的三分之一。

例 a 中作者认为读书重要（其实不是读什么书都重要，好书按比例来说少），暂且假定它很重要，但也很难是成为"发达国家"的充分条件。证明或证伪读书是强国的原因，正需要文科或社科学生的研究。在研究结果出来之前，最多只能假定有一定相关性。现在没有这些证据就如例句所说，那就是跟用大词说大话性质类似。例 b 中武将多可不是动物绰号多的原因，两者最多有相关性：梁山好汉武夫多，叫动物绰号的也多。

网上有个争论，一拨人同意 c，一拨人同意 d：

c) 有优秀的父母，就有优秀的孩子！

d) 有优秀的孩子必然有更优秀的父母！

主张 c 的，那不肖子孙败家子算谁的？主张 d 的漏掉了寒门贵子。所以，优秀父母不是优秀子女的充分条件，反过来也不是。两者只是相关度较高。

3.1.4　时间在先不等于原因

第三个是误把时间先后当因果关系。因果的时间关系一般是因在先、果在后。但反过来不能说发生在先的一定是因，在后的一定是果。这个实际上就是充分条件和必要条件的区别：时间先后是因果关系的必要条件，因果关系是时间先后的充分条件。

e) 有天地然后有万物，有万物然后有男女，有男女然后有夫妇，有夫妇然后有父子，有父子然后有君臣，有君臣然后有上下，有上下然后礼义有错。

（《易·序卦》）

例 e 表面上说的是时间先后，但实际上由于没有明确使用"因为……所以""故"，所以潜在地有歧义，可能会让人觉得这时间先后就是因果关系。

3.1.5 类推不等于原因

再举一个过度类推的例子（这可归入汉语自然逻辑中的同构推演法，详 L6 和 L7）。

f）蒙古国又称外蒙古，因与我国内蒙古接壤而被熟知。

例 f 说，蒙古国因为与我国接壤而被熟知。也许作者熟知与我国接壤的俄罗斯，于是就把"接壤"当成原因类推到蒙古国头上。但要是去问中国有多少接壤的邻国，十有八九答不全。

L3 不要前后矛盾

文章要前后照应，不要自相矛盾。

a）成员迅速锐减至千位以下，而且从此再也没有缓过来……美共党成员人数逐年下降，而今外界的乐观估计为 2 000 人。

b）虎王戴尔就是因为三年内杀死了 6 头成年熊

才一举成名的。

c）拜登出师不利，险些没能从内部竞选当中杀出。脱颖而出之后，跟特朗普比起来也没多少优势。

例 a 中前面说降到 1 000 以下，再也没缓过来，但后面说有 2 000 人。要是如原文所说的后来"逐年下降"，那就只剩几百几十人了，而不是 2 000 人，哪怕再"乐观"。例 b 中"三年"和"一举"有矛盾，得改为"三年杀死 6 头熊才好不容易成名的"或"一下杀死 6 头熊而一战成名"。例 c 中"脱颖而出"是一下子全部才能都显露出来，而"险些没能"是费力挣扎才勉强出线。

d）谁最有可能赢得美国大选，相信很多人都会毫不犹豫地说，那还用问吗？不是现任的美国总统特朗普就是民主党的支持者拜登。没错，虽然大选还没开始，但局势已经相当明朗，但经常看国际新闻的朋友也知道，在大选问题上特朗普和以前一样相当奇葩的，在接受采访的时候甚至表示，如果自己不能成功连任，世界就完了！

这几句话说得前后不连贯。第一，"支持者"应为"候选人"。第二，就两个候选人，不是这个就是那个，不可用"毫不犹豫"。如果你问我老张和小张谁高，我即刻回答老张高——这是毫不犹豫；要是我说可能老张高，也可能……——那是犹犹豫豫；要是我说不是老张高就是小张高——那不是算命就是不知所云。第三，接着说"没错"，是肯定上句"不是特朗普就是拜登"，那意味着局势不明朗，怎么马上说"局势已经相当明朗"。第四，既然局势很明朗，即两人中某个会赢，可接下去一个"但"，表示转折，即局势还是不明朗，或另一个候选人可能会翻盘。就这么三句话，说得颠三倒四，云里雾里。

一个比自相矛盾程度稍轻的毛病是前后不连贯，上下文欠照应。§2.3.3 的 P16 中有个改正了的例子（原例 a、例 b 改作例 a′、例 b′）：

P16－a′) 2011 年，衡水中学向北大清华输送 70 人，占河北省高考前 200 名中的 1/3 强。

P16－b′) 2013 年，衡水中学有 104 人考入清华北大，占清北在河北省招生总数的 80%。

订正过的句子条理性依然有问题，上句考入清北的人数是跟全省前 200 比，下句是跟全省考入清北的人数比，使得上下句失去照应，无法比较。

e) 哈尼克孜 [是] 继热巴、娜扎、佟丽娅等女星之后的<u>又一横空出世</u>的新疆美女，精致立体的五官，火辣身材，一曲《一梦敦煌》着实让人惊艳，所以这姑娘红透全国。

例 e 中"横空出世"意思是突然横贯长空而超越凡世，跟"又一"不搭。而且前面还有一连串名字外加"等"，是一后又一再又一还又等，实在跟"横空出世"违和。这个前后不照应的例子同时也是成语使用不当的例子。

L4　不要颠倒时间条理

事件发生总是涉及时间。在叙述多个事件时，要小心彼此间的时间关系。

a)"从今天开始，你已经被解雇了。"

"已经"指解雇一事发生在说话之前，且"今天"还没过去，作者大概是想加个"已经"增强语气。合理的说法应该是"（从现在起）你被解雇了"。

b)为了纪念"连中三状元"这一奇迹，据《永福县志》记载，宋开宝二年（969）时在三元祠附近建了一个塔，元至正二十八年（1368）被毁。

据前文这三个状元是南宋 1166 年、1169 年、1172 年连中的三个，怎么倒回去北宋为他们建塔纪念？

c)有一个情节鲜为人知：中国驻蒙古大使馆派人带回的照片，证实了林彪的确折戟沉沙，自取灭亡之后，<u>不断有面色严峻的国家领导人脚步匆匆进出于人民大会堂</u>，弥漫着高度紧张气氛的东大厅里终于恢复了往日的平静。其他人都已经如释重负地离开了，屋里只剩下周恩来、纪登奎。（周秉德《我的伯父周恩来》）

这段文字来自某报刊的文摘。周书原文条理清晰，但节录的转载把时间顺序写得有点混乱。例c中的那些事情发生的顺序是：（出逃，）东大厅气氛紧张，带回照片，（向总理）"证实$_1$折戟沉沙"，其他领导人进（向他们证实$_2$）出大会堂，东大厅恢复平静。所以，"进出"那个小句在时间和事件上总有一处有问题，因为"证实"发生了至少两次。"进"发生在第一次"证实"后，第二次"证实"前。这个长句要想成立的话，在画线句后应加上一个小句，"得知确实情报后"。这是因为"照片证实自取灭亡"时，刚进（出）大会堂的领导人还未得知。

d）失群的归雁——留在农村 50 年的上海女知青

例 d 是某篇网文题目，也是事件与人物错配的例子。当年下乡知青被比喻为候鸟大雁，是因为每到冬季大批知青就回家过年，到了春天又返回农村。后来知青返城，留在农村的只剩下极个别人，主要是嫁给当地人的女知青。她们失群了，但她们已不是归雁，而是"不归雁"。"归雁"是指 70 年代每年来回于城乡的"现役"知青，失群是指 80 年代及以后已经不"青"的留守"知青"。所以"失群"的"归雁"是把描写两个不同对象的词用到一起了。如果从时间角度看，70 年代的"归雁"和 80 年代的"失群"是时间错配。

在叙述过去、现在、未来的事件时，注意不要让它们在时间上有冲突。

e）很多年后，我<u>曾</u>问过雯雯，和我在一起最快乐的日子，是哪一段？

例 e 涉及三个时间：1）最早是最快乐的那段日子，2）其次是很多年后问她的时候，3）最后是回忆前两件事情的时候。"曾"字是时间 2 的"问"相对于时间 3 回忆的说法，但时间 2 的"很多年后"是相对于时间 1 来说的，时间表达上很乱，"曾"应删去。

L5　按重要性有条理地列举

在列举同时发生的事件时，要重点突出，逻辑有条理。

7 日中午，一辆载有 36 名乘客的公交车发生车祸，造成 16 人受伤，20 人死亡，送医抢救无效死亡 1 人。

这则新闻报道问题很大，首先逻辑分类不明，至少得说"当场死亡20人，抢救无效死亡1人"。车上连司机一共37人，死亡21人，这是最重要的事件，要放在前面，然后说其余16人受伤。导语中只要报道重点死亡21人，后续报道可以更详细地说明。

3.2 避免汉语自然逻辑的干扰

话议语法中有三条基本原理：对比原理、同构原理、适境原理。基于前两条语法原理，有两条汉语自然逻辑的推演法：对比推演和同构推演。这两种自然逻辑推演法，以及基于适境原理的"外部溯因法"是汉语自带的，学会汉语的同时就自然习得。所以，"莫言"说的不用学谁都会的语法逻辑，是话议语法和汉语自然逻辑。使用这样的推演法说理，很容易与形式逻辑相违，本节内用实例提醒习作者需注意避免。

L6 不用对比法反驳

3.2.1 话议语法的对比原理

汉语的谓语暗含对比义，如"我现在说话"，暗含与

"我没在吃饭""没在玩"等的对比。[①] 其实不但谓语，任何一个成分都暗含对比：

我在说话←→不是<u>他</u>在说话

我<u>现在</u>说话了←→<u>刚才</u>还没说话

3.2.2　防止对比推演法的干扰

汉语自然逻辑的推理程式之一是对比推演法，基于对比语法原理。简单来说，就是拿对方句子中某个成分的对立面进行反驳。例如甲说：女子无才便是德。乙便可进行如下各种对比反驳：

女子无才便是德→难道女子有才便无德［用"有才"来对比"无才"，"无德"对比"是德"，以构成反驳或对偶。］

女子有才便无德→难道男子有才便是德［用"男子"对"女子"，"是德"对"无德"，构成反驳或对偶。］

很多人都习惯用对比推演来进行不合逻辑的对比反驳，因为这种推演法是顺着对比语法自然说出来的，是汉语自带的。

---

① Y. R. Chao（赵元任）. *A Grammar of Spoken Chinese*［M］. Berkeley and LA：University of California Press，1968.

a）学好数学尤其是几何，就容易学好逻辑（统计上如此）。

有人驳斥道：数学好的逻辑就好吗？数学考零分进名牌大学的大学问家——罗家伦（北大）、吴晗（清华）、张充和（北大）、臧克家（山大），这些大学问家都没有逻辑能力？

例 a 中，驳斥者错把必要条件当成了充分条件。"数学尤其是几何好就逻辑好"，并没有蕴含"数学不好就逻辑不好"。数学几何好是逻辑好的充分条件；逻辑好则是数学几何好的必要条件（意即逻辑不好的数学几何不会好）。要反驳"数学好就逻辑好"，要从否定必要条件着手，即找到逻辑不好但数学几何却很好的人；而不是去找数学不好但逻辑（可能）好的人，这样反驳是不合逻辑的对比推演法。

我们用一个生活常识做例子再讲解一下：如果下雨，地上就会湿。如果你反驳说：不下雨地上也会湿。是不是没驳到点子上？谁都知道，泼盆水、小狗撒尿地上都会湿。下雨、泼水、撒尿都是地湿的充分条件，你不能拿这个充分条件去否定那个充分条件。要反驳就得否定地湿这个必要条件，即现在地上不湿，天上却下雨。

从形式逻辑上来说，上述两例都反驳错了。但他们都是依照汉语对比语法原理来进行汉语自然逻辑的对比反驳，既符合话议语法，又符合中国逻辑。

这种情况在文学作品中就数不胜数了，不过文学是反映本民族喜怒哀乐各种情绪的，不这样倒反而不自然了。我们来看些对比推演法的广泛用途。而且，历来如此。

b) 惠子曰："子非鱼，安知鱼之乐?"

庄子曰："子非我，安知我不知鱼之乐?"

这是历史上最有名的一次辩论，惠子和庄子都用对比法来反驳对方：鱼 vs. 非鱼，我 vs. 非我。这是我们民族历来的思路，是汉语自带的思维方式。对比思维下重要的是怼、是驳斥对方、是争面子，至于问题本身如"安知鱼之乐"反倒不重要了，甚至给忘了。

学术界知识界的吵架叫作"辩论"，那么日常生活中的吵架就该是"非学术辩论"。对比式论说时时处处体现在日常语言中：

c) "我告诉你，如果你<u>不放开</u>我的手，我，我就一辈子<u>不理你</u>。"婉儿嘟了嘟小嘴。

"那<u>我放开你的手，你是不是一辈子理我</u>啊?"北辰尊小心翼翼地说道。[用于抖嘴]

d) "<u>别</u>别别，别这样，<u>现在上班</u>呢!"戴女慌忙地抵御着肖助理的咸猪手。

"你的意思是<u>下班后</u>就<u>可以</u>吧?"肖助理偷乐着问。[用于泡妞]

e) 全班起立:"老师<u>早上好</u>!"

老师:"这叫什么话!老师就早上好?<u>中午</u>就不好了?晚上就要死了?"[用于生气]

f) 王女士:上次"错在<u>小学生</u>问题上,让我觉得很没有面子的。"

主持人董卿:"好吧,那你今天希望是错在<u>大学生</u>的问题上。"[用于幽默]

g) 人家同学都用"<u>爱疯</u>"了,我干吗用<u>小米</u>。[用于攀比]

h) 古往今来,有<u>这么多人</u>都在 35 岁前实现了人生理想,那为什么<u>你我</u>不能?[用于励志]

i) 陈:其实你说哪位"<u>干净</u>",意思是指<u>其他人</u>"<u>脏</u>"。[用于评价]

对对子是我们最熟悉不过的日常用语习惯,写诗对仗、春节对联自不必说了,唱快板,写歌词、宣传鼓动,道路标语都充满了对偶句,连传统格言也都是成双对偶,而且好像非如此不可。先秦时就有"名不正则言不顺,言不顺则事不成"(《论语·子路》)的表达,现在网上调侃也有这风格,如"书到用时方恨少,钱到月底不够了""穷则独善其身，富则妻妾成群"。可以说，对比反驳类似于对对子，而对仗是格式化了的对比推演表达。

小学里有个十分常见的现象，就是建立在汉语对比原理上的批评艺术：

> j）老师表扬了甲同学，乙同学不高兴了。他觉得老师没表扬他，就是委婉地批评他。

这个现象对调皮的小孩来说是再熟悉不过的。其根源在于汉语对比原理。

我们常常听到外国人说，捉摸不定汉语的"言下之意"，中国老师也这么宣扬汉语"言外之意"之妙。其实是因为我们原先没看到汉语语法原理，这种句子成分对比的含义，实际上不是言下或言外之意，而是汉语基本原理之内的固有含义。

所以"莫言"说的语法逻辑不用学，对于话议语法和汉语自然逻辑来说是对的，事实上，几千年来几乎所有中国人，都是顺着汉语对比语法和对比逻辑来吵架或辩论的，大家心领神会。但对于主谓语法和主谓结构逻辑来说，其实是犯了错，并且不自知，所以才有必要从中学开始就进行语文素质和逻辑能力训练，让学生从小就明白，汉语的对比语法原理所蕴含的中国逻辑对比推演法，是跟主谓结构的形式逻辑不同的。所以，我们要设立 L6 这条常文说理规则: 不用对比法反驳。

L7　不用同构法证明或规避

3.2.3　话议语法的同构原理和同构推演

汉语第二条基本语法原理是同构原理, 指从语素构词到组成短语再到造句, 结构方式都是相同的。同构句式有连环式和套叠式, 汉语使用者习惯顺着这种句子自然地进行同构逻辑推演, 例如下面这个连环式同构句群:

a) 夫欲盛则费广, 费广则赋重, 赋重则民愁, 民愁则国危, 国危则君丧矣。(《资治通鉴》卷一九八)

这个句群中有五个话题议叙句, 前四个议叙都是下一句的话题, 图示如下:

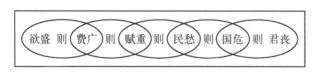

图 2　用连环同构句进行同构逻辑的旁推

这是一个教科书式的连环同构句式, 也是一个教科书式的同构逻辑的连环旁推法例子。从主谓结构逻辑来看, 是把可能性当成必然性。同构推演是汉语自然逻辑两大思维程式之一, 加上汉语中还有一个同音强化规则, 使得我们不由自主地用同构句来进行同构推演，用以证明。古代的典型例子见于《孟子》和陆机《演连珠》，试举一取自《孟子》的用套叠句式表达的同构外推接内推例：

> b）曾皙嗜羊枣，而曾子不忍食羊枣。公孙丑问曰："脍炙与羊枣孰美？"孟子曰："脍炙哉！"公孙丑曰："然则曾子何为食脍炙而不食羊枣？"曰："脍炙所同也，羊枣所独也。讳名不讳姓，姓所同也，名所独也。"（《孟子·尽心下》）

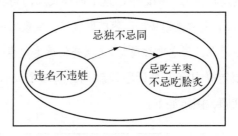

图3　忌独不忌同

下面来看一个现代的旁推例子。

网上有幅感人的父亲为孩子撑伞的照片：下雨天，父亲左手提公文包，右手为同行的孩子撑伞。整把伞都朝孩子倾斜，而自己暴露在风雨中，肩背全淋湿了。照片的文字说明如下：

> c）真的是意味深长的一张照片！

这几天我都在看这张照片，刚开始还不理解为什么这么多人感动，这位父亲完全可以抱起孩子一起遮雨。

直到今天才领悟到这幅图的高妙之处："作为父亲，我可以为你遮风挡雨，但路还得你自己走。"

送给成长中的儿女：爸爸左手提的是事业，右手撑起的是希望，背上扛的是风雨。

父亲节快乐！

这一文字说明，前半是情文，后半是悟文。悟用同构推演法，背淋湿同构推演到背扛风雨，撑雨伞同构推演到撑起希望。作为情悟文励志，很动情，很美好；但要是作为说理文说理，就很搞笑，很糟糕。

3.2.4　防止同构内推的干扰

内推就是把一个集合的总体或平均属质，向内推到它的某个子集或个体上。比如某个班的平均身高 1.7 米，所以该班的小张高 1.7 米。

d）在 20~29 岁年龄组，2010 年，［研究生中］女性已经超过了男性。换言之，新入学的研究生，以女性为主。

例 d，前句中 2 字头年龄组，是个外延较大的集合。后句"新入学研究生"，假定她们也在这个年龄组，那么外延就小于前者。作者很流畅地以前者的数据作为前提、作为证据，内推到一个很小的子集中。问题还在于，有可能个别新入学的研究生在 20~29 岁范围之外的，即不在母体集合中，那就是从 2 字头研究生外推到非 2 字头研究生了。

3.2.5　防止同构外推的干扰

同构外推在现代方法论中有个定位：概括过度（over generalization）。比如本来是说中学生的青春期逆反心理，一不留神就推到全部大中小学生头上去了。

3.2.6　防止同构旁推的干扰

同构旁推也许是三种同构推演法中最常见的。这种从孟子以来的论辩方式，被后世中国人发扬光大。有个典型例子是董卿主持的诗词大会第一期节目，首先出场的是上海小学生冯子一，开场发生了如下对话：

e）董卿说："他名字里有个'一'，又是我们第一场，第一个上场的。也希望你一马当先。"

冯子一顺势回答："得到第一名。"

第一场的第一个选手叫什么"一"跟第一名可没什么关系，节目这么安排，也许是巧合，但在汉语自然逻辑发达的文艺圈里，这更可能是根据同构推演的灵感，刻意安排的台词，否则就既没意义，也没意思了。小学生和资深主持人同样精通同构推演，这种无师自通说明这种逻辑是汉语自带的，这样的逻辑如"莫言"所说是不用上课教学的。

f) 这个意大利人忘记了没有中国人阶级兄弟似的奉献，他根本不知道天天吃的意大利面条为何物。没有中国人，就没有意大利面条；没有意大利面条，哪有他长大成人。

你可以把意大利面和阶级兄弟搅和在一起看成是调侃。但问题是，写者和读者都必须对旁推法心领神会，才会觉得有趣。要是广大人民群众对无穷联想不是这么熟门熟路，那作者的联想幽默就无人欣赏了。

3.2.7　防止同构规避

最常见的一种同构规避是使用类比来转移话题。网上流传的一系列"刁问妙答"是不少名人文人巧答"不怀好意""别有用心"的外国人的挑衅性问题，网民一片赞叹，搜集者自我欣赏。这些都是典型的汉语逻辑，中国式智慧，躲避式狡黠，有人评论说是"狡辩"，或者脑筋急转弯。总之，他们不是为了解决问题、澄清问题，而是规避问题、搅浑问题。

g) 著名作家刘先生到国外访问，一位外国记者不怀好意地问："刘先生，听说贵国进行改革开放，学习资本主义先进的科学技术和管理方法，这样一来，你们的国家不就变成资本主义了吗？"刘先生反戈一击："照此说来，你们喝了牛奶，就会变成奶牛了？"

学习资本主义先进的科学技术和管理方法就会变成资本主义国家，这显然是一个谬论，刘先生根据这一谬论，设置了一个与之相关的谬论——喝牛奶就会变成奶牛。这样，也就构成了一种与对方谬论相同而又荒唐的关系，产生了强大的反驳威力，一举就驳倒了对方。

这是类比论证，而且是异类类比，说他有点急智，有点联想力，会点脑筋急转弯，那还算称赞。但不管是专业上还是逻辑上，都不是真的从逻辑或事实上驳倒对方，只是为自己开躲避的后门。如果真的如原作者认为的那样，"学习资本主义先进的科学技术和管理方法就会变成资本主义国家，这显然是一个谬论"，那么，应该解释我们是"经改政不改"，所以不会变成自由资本主义。现在这么狡黠式躲避，可能会让被反驳的外国人一团雾水，觉得刘先生答非所问，水平太低。要是他们知道刘先生的低水平在国内还赢得一众自我得意，会觉得中国人不会讲道理，只会捣糨糊。

这种要小聪明的同构规避，在我们文化中很受欢迎，"刁问妙答"系列最后总结说：

> 以上经典对话，是名师们学识渊博、积淀深厚的灵光"一闪"，因为读书破万卷，达到了"胸藏万汇凭吞吐，腹有诗书语自华"的境地，再加上年年演讲于象牙塔，面对万千思维活跃学子磨炼得语言睿智、反应机敏、应答如流、语出惊人！

同构规避的本质使人逃避挫折、逃离失败，面子上却还很光鲜，是一种文人式阿Q精神。所以，要设立一条避免使用同构法的写作规则：要从小训练用事实和逻辑来证明、来赞同，用严肃认真的态度来面对挑战，而不是耍滑头规避，用小聪明装大头鬼。

L8　不用"鸡汤"拔高

鸡汤比喻悟文。我们写作文习惯于拔高立意，悟出点什么心灵鸡汤来。描记文本来是要用来准确描写叙述某物某事，但很多文章仍以悟结尾。无论什么东西，不总结或联想出点"悟"，好像就白写了。鸡汤拔高其实是同构推演的一种，由于这些年来鸡汤潜得满地都是，所以另立一节加以强调。

3.2.8　源远流长

写作习惯拔高立意是个源远流长的传统。下面这幅明代《三驼图》，画中三个驼背老者，右边那位提着个食盒去走亲戚，下方这个跟他拱手打招呼，左后那位抚掌赶来。上述就是一段描述画面的文字。

图4　三驼图

画中有首题诗："张驼提盒去探亲，李驼遇见问缘因；赵驼拍手呵呵笑，<u>世上原来无直人</u>。"网上有评论说："最后一句迅速拔高诗的定位，一针见血，点明了此幅图的讽世主题。"还有留言附和的："立意漂亮！"

文艺作品用比喻来立意，不但无可厚非，而且理当如此。常文也要立意，但不是靠悟，不是靠比喻，不是靠同构联想，而是靠逻辑推理。

3.2.9　记叙文以悟结尾

　　有一篇调查打捞老舍遗体的记叙文。当年老舍自沉太平湖，三十年后采访遗体打捞人，结果来了三个自称的当事人，至少有两人没说实话或记忆有误。这就需要作者运用客判思维（critical thinking，详§6.4），去伪存真，进行"福尔摩斯探案"，或科学研究那样，写一篇调查分析报告。但这种追踪调查的记叙加推理，显然超出了作者的笔力，作者最后只好感悟一声无可奈何：

　　　　历史就是留下来的文本叙事，没有那个客观实在，历史在发生的一瞬间就不复存在了。你根本无法还原。

接着他把笔头一转，写另一件难以弄清的事情：投湖那天下午老舍做了什么。当然又是各人各说。最后作者把他的才华淋漓尽致地表现在情悟上：

　　　　在这里，老舍把躯体交付给湖水，把性命交还中国文化，把信仰收归自己。

　　情和悟用于美文是恰当而有用的，但在写作平实合理的常文过程中，不应受它干扰。

　　下面这篇新闻综述最后的感悟就是老得不能再老的套话。这篇文章先简述马来西亚前总理纳吉布因腐败被捕，借此新闻由头夹杂许多八卦，这是一篇综述文，收尾自然忘不了以悟总结：

> 曾经高调光鲜、奢侈挥霍的罗斯玛，现如今落到这步田地，人生真的够"大起大落"。
>
> 没办法，"出来混，总是要还的"。

这句"混还"悟语，不知出现在多少文章中，都成套语了。新闻报道应该反向思维出新意，比如说谁谁出来混了一辈子，什么也没还。

立意拔高是情悟文的宗旨，情悟老手发掘漂亮辞藻、名句格言，写出狮头豹尾，熠熠闪亮之文——写常文这是大忌。

3.2.10　描写文硬以悟拔高

我们来看一篇讨论教育的综述文，作者围绕"印度人能做 CEO，中国人却只有做底层，我们的教育究竟差在哪？"这一主题展开。内容很吸引人，但描述得有问题，结论更是有问题：不是逻辑推理的结论，而是"突悟"。文章以强烈对比开头，然后提出问题：

> 我们这个邻国，……不知何时逆袭了，谷歌诺基亚百事可乐等一大票巨头，居然都启用印度

裔 CEO?!

这让我们不禁反思：人口最多，读书用功，能力也不差的华裔移民，到底输在了哪里？

文中列举谷歌、微软、摩托罗拉、诺基亚、软银、Adobe、SanDisk、百事可乐、联合利华、万事达卡、标准普尔诸多大公司都聘用印度人担任 CEO。原因何在？作者从否定一个普遍看法着手：

> 中国学生对印度群体成功的最大误解，就是认为"英语是他们的母语，他们有天然优势"。

理由如下：

> 事实上，80% 的印度人母语还是印度语，英语只是第二语言，真正把英语当成第一语言的仅仅只占 2%。

这段话依据的是作者所引的维基百科统计数据：

表1　例文所引的美、印两国讲英语人数

国家	语言合格人数	讲英语的总人数	讲英语的总人数（%）	英语是母语的人数	英语是母语的人数（%）	英语是附加语言的人数	英语是附加语言的人数（%）
美国	296 603 003	283 160 411	95.46	234 171 556	79.00	48 988 855	16.50
印度	1 028 737 436	125 344 737	12.18	226 449	0.02	125 118 287	12.16

这段叙述问题很多，有数学方面的，也有语言方面的，可能还有别的方面。第一，语言合格（这大概刨去幼儿和有语言障碍者）的印度人口是 10 亿多，把英语作为第一语言的印度人有 22 万多，占语言合格总人数的0.02%，作者说占 2%，差了 100 倍。第二，一般"误解"中说的以英语为母语的印度人是指去美国留学的印度人，所以这个以英语为母语的比例要在赴美留学生中算，不是在印度人口中去算。第三，80% 的印度人母语是印度语，不知是怎么算出来的，表中只有一个接近 80% 的数据，那是语言合格的美国人口中母语为英语者的占比（79%）。为什么造成这错误不得而知，推测是作者把 2% 错当成20%，加上 80% 正好 100%，或者作者的"印度语"指印地语。单单照表复述，就产生诸多问题，可见学写描写文的困难和必要。

最后，按照作文套路以悟结尾，还悟了一连串：

所谓时势造英雄，[1]

印裔无疑是时代的幸运儿，[2]

只是这幸运背后，曾有过多少怀疑和挤对我们不得而知，[3]

韬光养晦，才能厚积薄发，[4]

聪明而低调，其实真可怕。[5]

全文讲的基本上都是印度人性格和文化内因（只有一个"学得广"外因），比如印度人性格外向"敢于表达"，印度文化"抱团"，"印度人没有中国人普遍的浮躁傲慢，具有更加宏大包容的心胸"，等等，结尾竟然悟出个"时势造英雄"的外因来，这肯定不是论证出来的。其实作者毫无论证，只是综述印度人的种种特性，最后却以悟总结。

会找外因是中国人的国民性，我们有"天地民族心理"，这种民族心理的根源在于汉语的适境语法原理，什么意思是要靠语境（外因）来决定的，所以以上文作者的这个错误从中国特色的角度来看，可以不算错，而是话议语法掌握得好，中国逻辑运用纯熟，民族心理坚毅。

如果挑剔点，[1]和[2]并不连贯。"时势造英雄"固然有机运成分，但那时势只是个外因必要条件，内因是有准备的实力者，即各类潜在英雄都已存在世间，时势像个筛子，筛出某类英雄。这类突现的英雄有偶然性，但英雄本色却是本来就有的。例如20世纪90年代NBA推动一个"篮球时势"，造就了姚明。篮球成为"时势"是偶然的，但姚明成为这时势中的英雄可不是偶然的。相比之下，"时代幸运儿"基本是撞大运，如1990年代买股票，

2000年后买房，即使财经金融什么都不懂也照样可能发财，但"倒来倒去"的能人却大多破产了。所以从［1］推不出［2］。

问题是，既然推不出，作者为什么还要说呢？大概是为了引出［3］，那是一个转折性对比之悟，前两句幸运与第［3］句"怀疑和挤对"对比，落脚点却是"不得而知"，这和上一小节调查老舍自沉的那篇文章类似，最后到达不可知的"禅境"。

最后［4］［5］两句的"神来之悟"是高潮所在。作者突发奇想，悟出"厚积薄发"，但文中明明说印度人是后发而先至：1990年，在美国的中国人有268万，印度人才182万，印度人人数为中国人的三分之一（67.8%）。到2017年中国人达508万，增长240万（+90%），而印度人达412万，增长230万（+126%），印度人为中国人的五分之四强（81.1%）。从增长比例来看，印度人快多了，多多了。也就是说，印度人原来占比少，是后发，但在管理高层却远远超过了中国人。后发并不等同厚积。大概是"后""厚"同音联想、同构旁推导致作者发出如此感悟。

另外"韬光养晦""低调"和文章开头印度人性格外向，"敢于表达"矛盾。敢于表达的人一点不韬光养晦，是相当高调的。

我实在想不出作者为什么这么来总结，是不是真的想到一个成语就赶紧用，对仗不工整也要来个准对仗。没有逻辑的生动表达，轻则以辞害意，重则装神弄鬼。

3.2.11 连八卦新闻都要悟

八卦新闻很流行，但很多也以悟结尾。如下例中一篇记叙某知名演员和导演爱情故事的八卦新闻，说到最后"立意拔高"，用了国际政治套话。

> 近几年，×××和×××……显然已经"貌合神离"，之所以不离婚，或许他们之间有利益牵扯，中间具体原因就不得而知了。这样的婚姻，在娱乐圈比比皆是。

> 所以还是那句老话，没有真正的朋友，也没有真正的敌人，只有永远的利益，我想这句话用在娱乐圈一些夫妻身上，也挺合适的。

3.3　避免个人因素干扰

话议结构的后一部分说明与前一部分话题之间没有

严格的逻辑关系，这个说明可以是叙述、评论、感叹等，也就是说，话议句可以"夹议夹叙"。这就意味着用话议句很容易在描记过程中加入自己的议论，也就是不知不觉中掺入了个人情绪、想象、见解等客观描记不需要且要排除的成分。

L9　避免过多的个人情绪：少用褒贬词

上文所说少用修饰性形容词和过分的程度词即为了避免太多个人情绪。个人情感对于美文尤其是情文来说，一直是被注重强调的因素，作文大多要求有"真情实感"。真情实感可以分解为二：亲历经验（实感）和个人情绪（真情）。美文这两点都可容纳，但平实合理的常文要避免过多的个人情绪。这里用了个程度形容词"过多的"，是因为完全排除个人情绪既不可能也无必要。作者需认识到，写作中会带有个人情绪，要控制好，不要让它泛滥。

避免过多的个人情绪可以从遣词和造句两方面来看。遣词方面，避免用褒贬色彩强烈的词。汉语很多褒贬形容词成双地存在，如顽强和顽固，用于美文有其需要，但常文中要避免，因为这不符合表达平易、描写副实的"平实准则"。

a）美共也曾经在地方选举中夺得一些<u>低级议员</u>席位，但是在全国性的大选中，从来没有夺得过国会议员或者大城市行政首脑这样的重磅席位。

"地方议席"是实而平的描述，"低级议员"便带有前者没有的划分等级贬义的感觉。

句式方面，少用反问句。反问句带有强烈情感，作者似在逼迫读者接受他的观点，或逼着读者表态。

b）＊前一句说"今天不谈闹革命"，下一句马上亮出"一位无产阶级革命家"的身份，难道是在抖包袱吗？

b′）前一句说"今天不谈闹革命"，下一句马上亮出"一位无产阶级革命家"的身份，像是在抖包袱。

例 b 是 §1.3.3 中对一个描记文例句的评论。句 b 是初稿，用了反问句，语气较强烈，不像描记文，而像美文性的议论文。改为句 b′就比较平实了。因为像不像抖包袱，作者只要描述事实，最后应该让读者来做判断。这才是描记和说理的要义，否则就是传感传情的情悟文了。按照孟子以来的中国论辩传统，要以浩然之气渲染气氛、威压对手、打动或蛊惑读者，但这是情悟性议论文，不利于说理，更无益于思维进步。

L10 忌用浮夸大词

3.3.1 夸张属于美文和广告

a）白发三千丈/喝令三山五岳开道/梯田修到南天门/斩断飓风的翅膀，把彩虹永挂眼帘/旋转太阳的轴心，把季节留在春天/复制夜空的明月，把地球铺满诗篇

b）虽千万人吾往矣/当了裤子也要搞原子弹

c）惊艳全场/惊艳全国/震撼全球/看傻了/气晕了/传疯了/宝宝吓死了

d）宇宙牌香烟/环球公司/中国义乌［准确表述是中国浙江省金华市义乌市。］

e）广东街头一家一开间的小服装店橱窗里的招聘导购广告，列出三条标准：有思想、有活力、肯努力。［还要找个思想家来卖货。］几个月后改为四条标准：有思想、有理想、有能力、肯努力。再后来改得总算没大话了：形象好，有亲和力，年龄 18～38 岁；有服装销售经验；勇于挑战高薪；薪金为底薪＋提成，面议。

有一种夸张的文风，是话往大里说，词往大里用，

把个人的感情、感觉、想象、愿望等带入描述。用于美文尤其是诗歌（例 a），实如鱼得水，即所谓修辞格里的"夸张"。夸张可用于表达豪情壮志的豪言壮语，用得其所便成千古（或当世）名言（例 b）。自媒体标题（例 c）和广告（例 d、例 e）把大词作为常用手段以引人注意，这不奇怪。

3.3.2　大词为常文所忌

夸大其词是美文的夸张修辞，常文应避之不及。可惜语文训练美文影响深远，长大了写常文都这味儿：

　　f）在全国性大选中，从来没有夺得过国会议员或者大城市行政首脑这样的重磅席位。

　　g）语言特征的分布与人类社会的变迁息息相关。

　　h）大脑是人体最重要的器官，也可能是宇宙间最复杂的物体。

例 f，"首脑"指国家政府的首长，城市不管多大，还只是市长，够不上"首脑"，称"行政长官"即可。例 g，语言特征与社会的关系只是间接有关，"息息相关"这词用大了。例 h，宇宙的大致轮廓是什么样还只是猜想，地外生命什么样可说是全然无知，所以"宇宙中最什么"

就是马季的宇宙牌香烟①，只是吹嘘。

3.3.3 避免彻底情结

大词中最极端的可称为"彻底情结"：程度副词"彻底"是很多文章的心头之爱，不用好像表达不出彻头彻尾的激情感，情绪高涨时，甚至一句话中可以有两个彻底（例 i 最后一句）。

i) 精锐的 74 师，在十余万人的狂攻下，三天就<u>彻底</u>崩溃了 | 第一次世界大战，<u>彻底</u>把昔日的"日不落帝国"打垮了 | 这是一场注定要<u>彻底</u>席卷全国电商从业者的风暴 | 经过这一轮的全国税务大清洗，估计以后电商将<u>彻底</u>告别低价的阶段 | 唐浣溪<u>彻底</u>人间蒸发 | 这也意味着国足冲击世界杯<u>彻底</u>悬了 | 享受<u>彻底</u>免费服务 | 一组数据<u>彻底</u>引爆特朗普"嗨了" | 奔驰迈巴赫车队在入口处和血医门的劳斯莱斯<u>彻底</u>汇合在了一起 | 恐龙和苍龙<u>彻底</u>灭绝了 | 随着北斗网络的<u>彻底</u>建成，将<u>彻底</u>打破美国GPS 在全球的垄断地位

例 j 中的"彻底"都可删去，如："三天就崩溃了"

---

① 马季在 1984 年春节联欢晚会上表演了单口相声《宇宙牌香烟》，讽刺厂家不顾产品质量拼命打广告，夸大吹嘘。

已经把意思表达得很充分了，不用再加"彻底"。日不落
帝国垮台是"二战"以后，"一战"后只是削弱，用"彻
底"不妥。"彻底""悬了"意思有冲突。

其他程度副词也存在类似情况，如：

　　j）太阳是银河系中<u>最为普通</u>的一颗恒星。

例 j 中"普通"就可以了，"最为普通"从字面看大概意
为比普通更普通。这种词若非必要最好少用，否则真到极
端情况就无词可用了。

3.3.4　避免蕴含夸张文风

夸张的文风很普遍，甚至不一定用大词，有时用的
是普通词，但蕴涵着夸张。例如前文（P16 例 d）谈倍数
时提到把"大一倍"或"是两倍"，夸张为"大两倍"。

又如有一篇文章介绍一位科学家从小有着不凡天赋，
"十九岁就考入了清华大学"，"就"是个普通副词，但用
在这儿好像暗含别人二三十岁才考上大学的意思。其实一
般都是十八岁上大学，这个科学家十九岁"才"上大学
已经晚了一年了。该文又说："经过面试，她被（国外一
所大学）破格录取。"文章里明明说她给那所大学寄去自
己写的"推荐信"（应该是"自荐信"），是自己申请，
又有面试，都是常规入学程序，但为了夸赞那位科学家从

小就与众不同，用了"破格"一词。

L11 照实描述 ｜ 避免描记中掺入想象

描记文中掺入作者的想象是常见现象，它是夹议夹叙同构句式的常态：

a) 这是一场<u>注定</u>要<u>彻底</u>席卷全国电商从业者的风暴！

b) <u>经过这一轮的全国税务大清洗</u>，估计以后电商将<u>彻底</u>告别低价的阶段。

c) 国民党失败的一个很重要的原因，就是其内部始终派系林立，稍有风吹草动，<u>难免</u>会四分五裂、土崩瓦解。

这几句看上去像是判断，但实际上是想象。判断和想象的区别在于：判断是基于事实和推理的命题；而缺乏事实和推理的"判断"就是个人臆测或想象，如例句中"注定""彻底""难免"都是作者的主观情绪表达。例 c 中"难免会"改为"就"，就是叙述而不是想象了。

d) 忽然间老人一下来了兴趣，忘情地用方言唱起了儿时父亲教过的歌谣……这首歌谣也是老人父亲谱曲的，多么熟悉，多么质朴，多么亲切！此刻，老人沉浸在幸福中，想起了父亲那双温暖而厚实的大手，想起了父亲那爽朗的乡音和慈爱的目光，想起了她娇声细语坐在父亲膝上 [的情景]。

例 d 摘自一篇采访，是篇写实的记叙文，但作者在叙述中掺入太多的自我想象。"唱起了歌谣"是叙述；"沉浸在幸福中"是判断，大概是看到老人幸福的笑容；接下去三个"想起了"纯属想象。

e) 今届诺贝尔物理学奖其中一位得主、82 岁旅美英国退休物理学教授索利思（David Thouless）<u>喜获殊荣</u>，原来他患有认知障碍症，其前同事慨叹，他可能连自己得奖亦懵然不知，奖项来得太迟。

"获得殊荣"，是描写；"喜获殊荣"，则加上了获奖者的心情。问题是获奖者"患有认知障碍症"，"他可能连自己得奖亦懵然不知"，那怎么还会"喜"呢？可见记者或译者，把自己的理解和"移情作用"不自觉加给了被描写对象；也可能是大话套话说习惯了，"获得"是个中性小词，非得来点浇头变作"喜获"才够劲，才表达尊敬。

照实描述并不是天生就会的，学会照实描写是一个磨炼心志的过程。

f) <u>万绿丛中的一点红</u>，尤为醒目，在照片 C 位上精干老练，精气神十足的就是她。说她已经 61 岁了，估计都没人相信吧。而谈起她的经历，足以让人瞠目结舌。

例 f 摘自某篇关于欧盟新任女掌门乌尔苏拉·冯德莱恩的图片新闻报道。

若对照新闻图片就可知"一点红"不是据实报道或照实描述，因为图中有 5 件红衣服、2 条红领带。若是为比喻"众多男人中唯一的女性"，则更离谱，因为图中共有 12 位女性。记者"睁着眼睛说瞎话"实是夹议夹叙中糅合想象的同构句式和成语套话比兴式开头的话议句式。

避免个人私见或偏见不是件容易事，不过可以用一些语文手段来减弱个人偏见。即在写常文时，多用主谓句，少用话议句，即使用也要避免套话和在夹议夹叙中混入个人想象。

L12　照实总结 ｜ 避免加入自己的解释

在学期或学位论文的"文献综述"中复述或总结其他作者的观点时要小心，不要把自己的解释掺入进去：

1953 年，爱因斯坦在给斯威策的信中指出："西方科学的发展是以两个伟大的成就为基础，那就是希腊哲学家发明**形式逻辑体系**（在欧几里得几何学中），以及通过系统的实验发现有可能找出因果关系（在文艺复兴时期）。"爱因斯坦所说的西方科学得以发展的基础正是西方传统逻辑的<u>演绎与归纳</u>。

爱因斯坦说了两点：逻辑和实证。作者最后一句小结漏了实证，又曲解了逻辑。爱因斯坦说的逻辑是且仅是演绎逻辑，作者加进了自己的理解"归纳"。

文献综述确实需要自己的解释，是在复述和总结了各种观点后，再基于事实地以自己的理解去判断哪些是贡献，哪些要改进或摒弃。

3.4 防止句法语义歧义

L13 明确句法成分

网上流传的一道小学一年级语文题，难倒了家长和语文老师：

> 杭州一个一年级小学生的家长拿到自己孩子的试卷扣分题后，百思不得其解，求教老师：一群小鸭子快乐____在河里游泳，为什么填"地"不对，而是"的"？老师给出解释。随后这位语文还不错的

妈妈对老师的回复还是心存疑虑，发在了朋友圈。结果引发了一场大讨论，不少家长都表示"以前语文白学了？"，甚至还有些语文老师特意来回复，也给出了不同答案，有的认为"地"没问题，有的则认为是"的"。有没有专业人士给这位妈妈解惑。

这个"的/地"困惑看似印证了语法逻辑无用的普遍看法，实质上反映的是话议语法和主谓语法的纠葛。从不分"的地得"的话议语法角度看，"一群小鸭子快乐<u>的</u>在河里游泳"，不但没问题，而且更自然。但从主谓语法看，用副词性的"快乐地"修饰动词"游泳"才正确。关键在于判断这句句子是话议句还是主谓句。这个句子是现代汉语书面语的表达方式，主语"一群小鸭子"无定，是新信息，是作事性/施事性的，即主语"一群小鸭子"与谓语"游泳"关系紧密（当然这是用"地"的必要而非充分条件，但有倾向性）。因此这个句子不是话议句，而是主谓句，用"地"为宜。

"的/地"的区分，不要说小学生，专家们时不时地也会纠结一番。这实际上反映的是从话议到主谓逐渐过渡的状态，"一群小鸭子在河里快乐<u>的</u>游泳"是在学习、适应主谓结构的过程中留下的话议痕迹。

L14　明确施受关系

有一部电影的名字叫《离开雷锋的日子》，说的是雷锋去世以后，他的战友继承他的事业的故事。无论从观众角度、导演视角，还是剧中雷锋战友的视角，都是"雷锋离去或离开我们后的日子"，而不是我们离开雷锋。片名把"离开"的主宾和施事—受事关系颠倒了。

由于话议语法中有所谓"施受同词""主客同词"现象，如：

a）鸡吃了［鸡可以是施事，吃了米了，也可是受事，被吃了］｜我上课了［教课或听课皆可］｜拉窗帘［根据语境，拉上或拉开都可］

麻烦而有趣的是，这种现象还是能产的，因此，常可见到从主谓语法看是施受扞格的句子，但从话议语法角度，可以看成是"鸡吃了/上课了"的类推，如：

b）一百多年前，日本人曾经割让过我们的土地。

c）中国北京时间4月20日，中兴通讯发表声明：不能接受美国商务部的禁令。

d）《致命中国》（*Death by China*）

例b应是中国割让给日本。

例c，美国商务部发布的禁令是禁止美国厂商出口零件给中兴公司，美国厂商可以接受（服从禁令）或不接受（抗诉或不服从）。禁令不是发给中兴的，中兴是进口方，没收到禁令，只可以说不愿接受这个事实，但不是"不能接受美国商务部的禁令"。然而由于汉语的同构旁推，会很自然地从"美商出口被禁"推到"我方进口被禁"，于是这禁令我也不接受。

例 d，《致命中国》是 2011 年美国出版的图书 *Death by China* 的中译名。Death by China，是（美国）被中国致命的意思，即中国致（美国之）命。但中译名"致命中国"，是"让中国致命"的意思，与英文原文在逻辑上、语义上完全相反。本来书名题目是帮助读者理解内容的最简要的一条线索（详 §7.1），可现在读者需要自己从书里的内容，反过来推测书名的意思。

所以，学生在练习写作时一定要用主谓句写清楚谁施谁受，不要模糊了两者的施受语义角色和主宾逻辑关系。

L15　明确复句关系

汉语的复句之间常常不用关联词，复句关系容易出现歧义，造成不必要的误解。

a）全国各地铺天盖地的推普标语"讲普通话，

做文明人"，大家早已见惯不怪了。但见惯不一定就是有道理的。讲普通话<u>才是</u>文明人，那只会说汉语方言和少数民族语言的人就不是文明人了吗？这里面其实隐含着一个有严重问题的逻辑。

例 a 是一位语言学家对推普标语的解读。作者用了个"才是"，意味着他把"说普通话"解读为"做文明人"的必要条件，不说就不是文明人。但问题是这两个小句之间没有关联词，所以，两者关系可有多种解读，还可能是充分条件，即说了普通话就成为文明人了；或者是并列关系，要说普通话，也要做文明人。所以，为防止误解，以免招来不必要的批评，需要用关联词把复句关系明白地表达出来。不过，这样一来，写对偶会受限制，这可能会失去写标语的很多乐趣。

有时即使用了关联词，但没注意语义（实质上是逻辑）关系，依然前后不搭：

　　b）慈禧任命李鸿章等为代表，与八国联军进行谈判，外国人的条件是，义和团要灭，义和团高层<u>也</u>不能放过。

例 b 中，"也"表示的是一种稍有递进义的并列关系，如"你去，他也去"。义和团包含义和团高层，两者无法并列。反过来说倒可以接受："义和团高层要灭，

（整个）义和团也要灭。"这有递进义，先说部分，进而整体。

L16　不要给双重否定绕晕了

双重否定表达的是肯定意思，用得合适可以加强语气，如"不是不去/不要因为这件事就不来往了"，实际意思是：是要去的/还是会来往的。但有时可能因为句子太长，两个否定词隔开太远，结果搞混了正反意思。

　　a）再给你科普一个常识：父系基因是<u>不会</u>因母系基因的变化受影响一成<u>不变</u>的，因此有研究价值，甭管人长着什么脸，长得像黄种人还是黑种人，只要父系基因是白人，过几万年后检查它<u>还是不变</u>。

　　b）已读 9 期以来，讲义内容最精练条理最清晰的是它莫属了。

例 a 中，作者最后说得对："还是不变"的，但前面"不会……不变"意思是会变的。两个"不"隔开太远，说到后来已经把前面的忘了。应改为：

　　a′）父系基因是<u>不会</u>受母系基因变化的影响而<u>变化</u>的。

例 b 是走到了另一极端，误省双重否定的固定搭配"非他莫属"中前一个否定词。

第 4 章

其他写作事项

本章谈遣词造句以外的写作注意事项，涉及书写、标点、形式和篇章问题。这些事项以 W 开头编号，W 含Writing（写作）的意思。

4.1 书写问题

W1 繁简字问题

首先是不用不规范简体字或异体字。有一阵汉字简化进程太快，留下不少后遗症。比如有些原来姓"傅""萧"的变成了"付""肖"，"一副手套"很多人误写为"一付"。又如"像"曾被简化为"象"，但后又恢复使用：

现象，象征，象形文字，象声词，气象，天象，印象，形象，景象

好像，像他一样，像条狗，画像，偶像，录像，神像，图像，镜像

用字没跟上形势的就容易出错：＊好象、＊偶象；也有紧跟过头，过度改正的：＊像征、＊像形。

还有些因为长期误用而开始积非成是，如："家具"常误写为"家俱"。"身份"现在也可以写作"身分"，不过"省份""年份"还没变，"一份情谊"和"一分情

谊"仍有区别。原则是用权威词典已收录的写法。

其次，不混用旧体或繁体字和简体字。繁体字在考古、历史等题材的文章中有时有必要使用，但一般的文章不要与简体字混用。我自己可能因古汉语专业出身，所以有些旧体写法总改不过来，比如"後汉书"，不过比起电视上时不时出现的"皇後娘娘"来，前者只是不妥，后者则是错误。

W2　拉丁字母问题

一般文章中，若无必要尽量少夹用外文字母。当然现在很多领域中几乎难以避免英文字母，比如：1) 已经约定俗成的英文缩写 CT、NBA、T 骨牛扒、CCTV 等，不必限制。医学中的很多用语如 X 光、B 超，甚至都没有纯汉语替代品。2) 在写论文时，如果概念是引进的，初次出现要加注英文原文。3) 用于编号的 A B C D 等，比"甲乙丙丁"常用得多。

汉语拼音字母来源于拉丁字母。拼音缩写有时是为了避免禁忌词或粗口，如 SB。它在网上少年群里用得很普遍，不过，常文写作如果没有必要就不要用。

还有日文汉字词，20 世纪前期大量欧美文化词借道日语汉字引入汉语，大多已融入汉语。但有些现在已无必要，如"伴手、丸、樣、駅"等。

4.2 标点运用准则：防歧义、不臃肿

标点符号分点号和标号。点号包括顿号、逗号、分号、冒号、句号、问号、叹号等，标号包括引号、括号、破折号、省略号、书名号、连接号、间隔号、着重号等。标点运用最重要的原则是消除或防止歧义，帮助达意。如能符合"不臃肿"的美学要求，就更好了（详§5.2.2）。

W3 括号：避免隔得太开

句中如有补充成分，一般可以用括号，但切记不要用得太多。插入语的括号不要把前后两部分隔得太开。

　　a）勤劳智慧的中国人民在数千年的历史上创造了光辉灿烂的文化——"智慧"本来是个名词，但因为使用需要，跟形容词"勤劳"连用以修饰"中国人民"。所谓"使用需要"，是说这儿缺一个等价的形容词，换成"聪明"（勤劳聪明的中国人民在数千年的历史上创造了光辉灿烂的文化）显得不那么庄重。

插在"聪明"后的长句割裂了句子，使本来连贯的

前后两部分隔得太远。合适的做法可以如下：

　　a′）换成"聪明"显得不那么庄重：勤劳聪明的中国人民在数千年的历史上创造了光辉灿烂的文化

　　a″）换成"聪明"（勤劳聪明的中国人民）显得不那么庄重

一种办法是不插在句中，而挪到句末（例 a′）。如果嫌尾累赘，可以只取句中与"智慧"相关的短语（例 a″），使得话题和议叙部分分割不太远。这种做法是符合汉语语法的，汉语中有所谓"离合词"：

　　b）洗澡→洗了一个澡→洗了一个热水澡→洗了一个舒舒服服的热水澡

再长恐怕就难以接受了。从 a，b 两个例子来看，插入成分以 10 个字以内为宜。当然，这是经验之谈，不是严格规则。

W4　顿号：连用和省略

　　顿号是中文引进标点符号后自制的，用于两个或多个并列词语之间（例 a）。并列项英文的规则一是用逗号，二是最后两项之间不用标点，而用连词 and，所以中文里也会出现类似情况（例 a′）。下例中句 a′没问题，但句 a 更符合汉语习惯，读起来并列关系也更明朗。例 b 最后那个顿号要删去。

a）桌子上有苹果、葡萄、橘子、李子。

a'）桌子上有苹果、葡萄、橘子和李子。

b）旗下更是拥有方正科技、北大医药、方正证券~等6家上市公司。

加引号或书名号的并列项之间不必再用顿号或逗号，因为被引项或书名都已有标号标明并隔开，足够清楚，不需要再加点号点开。下面例句中画线的顿号或逗号都可省去。

c）题目中有一句，"但没有哪一片土地不值得我关注"，"没有"~"不"，双重否定。

d）常文写作需遵照"平实"~"合理"两大准则。

e）他这几年连续出版了《冬天》~《春雨》等几本书。

f）回到作文题，"寒冷"~"温暖"；"崎岖"~"平坦"两组词语意思相对，互为补充。

f'）回到作文题，"寒冷–温暖""崎岖–平坦"两组词语意思相对，互为补充。

点号有等级高低，最高是句号，往下依次为分号、逗号、顿号。例f中两对反义词之间分别用顿号，它们之间应该用高一级的逗号，而不是高两级的分号，否则好像把前后分为两个独立的分句。更好的标点处理是把两组反义词写成例 f′：不但省去两个顿号，还省去了分号，简洁多了。

W5　叹号和问号：有必要才用

叹号和问号分别表示感叹和疑问语气。有些作者很喜欢用叹号和问号，可能他内心容易激动，所以碰到点什么就要感叹。

　　a）这个谷歌 AlphaFold，和打败围棋高手的 AlphaGo，可谓孪生兄弟。只不过后者是下围棋的，而前者则是将其人工智能转向了人类科学中最棘手的领域——基因医疗科学！

例 a 最后没必要用叹号，也许作者是想感叹一下"最棘手的领域"，但人类科学棘手之处多多，不一定这个就是"最"。

有些作者写描记文如新闻报道或新闻综述时，带有强烈的个人感情色彩，这需要避免。更有甚者，借助标点来表达强烈情感，这没必要。

　　b）这是一场注定要席卷全国电商从业者的风暴！！！

　　c）人家卖货的成本都上升这么多了，你们觉得还能买到比成本更便宜的东西吗???

不要连用叹号和问号，有强烈的感情，用恰当的文字来表达即可。连用叹号和问号给人以虚张声势之感。

W6　插入语的逗号：以避免歧义为准

补充成分一般用括号，也可西式化两头用逗号或破折号隔开，理论上是前后都要用的，如：

a）话议结构，尤其是流水句（,）常常句界不明，所以都一逗到底了。

b）用逗号，或破折号隔开

c）大约公元前 5 世纪，雅典智者学派以"三艺"，即修辞学、文法、论辩术（,）传授知识。柏拉图在《理想国》中则倡导以"四科"，即算数、几何、音乐理论和天文学（,）开展教学活动。

例 a 中，"尤其是流水句"是补充说明"话议结构"的，前后应该都用逗号隔开，但如果无歧义，该小句后的那个逗号省去亦可，"话议结构，尤其是流水句常常句界不明"，读起来反而文气更连贯。例 b 中"破折号"后可以加个逗号，但不加也很顺。同样，例 c 中的两个插入语后作者都没用括弧中的逗号。

有时候后面那个逗号还不能加：

d）这是一场注定要席卷全国电商从业者，<u>包括淘宝、京东、拼多多等等网店主（,）</u>的风暴。

例 d 中有下画线的插入语"包括……网店主"是补充说明"电商"的，按西式标点规则，后面要加逗号，但中文里加了反而成破句了。

插入语不要太长，也不宜用得过多，否则显得枝杈芜蔓，不利于传意。我以前常犯这毛病，生怕人家不理解，所以用很多插入语，有时甚至一个句子里有两对括号。这看上去是想把事情解释清楚，但实际上很容易分散读者的注意力，反而妨碍达意。

W7　引号：以避免歧义为准

英语中直接引语和间接引语分得很清楚：直接引语引的是原话，要加引号；间接引语不加引号，一般不是原话——或者代词修改了，或者是原意的复述。例如：

a）约翰说："我会去。"（直接引语）

b）约翰说他会去。（间接引语）

汉语一般在严格的主谓句式中这么表达；在话议句中，很多时候直接引语也用间接形式，即不加引号，如：

c）老王说：我去能办事。

d）15 年前，他妈妈无意中对他说了一句：你跟你爷爷长得真的好像！

如果没有歧义，这么用算是话议句式的灵活表达，但如果"我"（例 c）或"你"（例 d）到底指何人有歧义，就要加上引号。

4.3　形式问题

W8　比较形式可以简略

两样东西比较，可以有几种形式来表达：

　　a）他的书包比你的书包大。

　　b）他的书包比你的大。

　　c）他的书包比你大。

例 a 是最完整的两个比较项，但一般没人这么说。例 b 逻辑和句法都正确，"你的"是个表示名词的"的"字结构。不过，最常用的是例 c，尽管从逻辑上看似乎"书包"在跟"你"比。建议话议句群中用例 c 形式，主谓句群中用例 b 形式。

W9　说话人的身份要清楚

说话人的身份不要淹没在对话或说话中，要让读者清楚谁在说话。

第一，把对话中的说话人名字写出来。有的作者为了对话流畅，一来一往中省略了说话人：

——我晚上晚点回家。

——回来吃饭吗？

——不一定，你们先吃吧。

——那给你留着。

——不要那么麻烦了。

——小心点，早点回来。

读者必须聚精会神，而且不漏掉上下文才能跟上作者的节奏。因此，最好还是把谁说谁问的名字或身份写出来，哪怕不是每句都出现。

第二，名字不要插在引语中间。说话人的名字和引语的相对位置有三个：

a）老张说："昨天晚上啊，我们碰到了件怪事。"

b）"昨天晚上啊，我们碰到了件怪事。"老张说。

c）"昨天晚上啊，"老张说，"我们碰到了件怪事。"

如果没有特别需要，如例 a 那样把说话人名字放在引语前最好，其次是如例 b 那样放在引语后面。例 c 插在中间的表达方式是英语中最常见的，但在汉语中是最后的选择。像下面例 d 中的对话虽然有说话人出现，但因为插在引语中间，所以很不清楚。

d）我淡淡一笑，"那你觉得我该和她聊什么？""那我怎么知道……"她耸耸肩，"您和她聊，又不是我和她聊……""其实不是没得聊，是没心思聊，"我说，"现在沈星海他们已经没事了，接下来该解决青铜鼎了，这才是大事。"

W10　不要一句一行

一句一行，类似排比句，是为了夺睛的美文写法。用于标语、广告可以，但常文如无必要，不要这么写。

所谓时势造英雄，

印裔无疑是时代的幸运儿，

只是这幸运背后，曾有过多少怀疑和挤对我们不得而知，

韬光养晦，才能厚积薄发，

聪明而低调，其实真可怕。

本书初稿为夺睛效果，也是这么安排的：

写一本教写作的小书，是我很早就有的想法。

但后来退缩了，是看到数不胜数美不胜收的文

学类"美文",

　　要教这样的写作，我力有不逮。

　　再后来见到鸡汤类、桃花类美文泛滥，觉得还是有必要写，

　　因为美文写作的教学方向错了。

　　要教学生写"非美文"——常文，即用于社会日常生活运转的应用文。

此类一句一行的表达，用于美文显得很有力度，但常文要避免。

4.4　文献与图表

W11　文献回顾和文献参考

　　学期论文或学位论文，必须要有"文献回顾"部分。如果文章短，回顾可以放在第一节"引言"中。如果是篇长文，那么就要独立作为第二节。如果是个热点课题，文章一篇接一篇，那些接踵而来的讨论争辩文章只需交代问题由来就可以。文献回顾是对所讨论问题是否有全面了解，是否有创新观点的检验。

　　既然有文献回顾，参考书目就必不可少。它的规范性体现在"互指性"上，即正文提到的作品，参考书目

中一定有；参考书目中所列的著述，正文中一定要出现。

W12　引证要注明

引证用直接引语，一定要注意加引号并注明出处。千万不要引了原话而不加引号和出处，这是剽窃。

还有一种引证是复述，同样，一定要注明出处，否则也是剽窃。如果复述只用一句话，那么可以在复述前引原书说"某某认为"，或在复述后用括号注明出处。如果复述较长，有几个句子，那么最好前后都标明，不要和自己的论述混而不分，以免被认为是剽窃。

W13　图表注意事项

配置图和表是为了帮助理解正文，所以图表要一目了然。不过，图表有格式和篇幅限制，常常用缩写、代号、字母等缩简表达方式，这时在图表说明或正文中一定要加以解释，不能让读者去猜图表的含义或作者心底的想法。

图文要相关。例如有一篇题为《为什么印度首都从加尔各答迁至德里》的文章，为配合前几节文字，作者选用了两幅印度地图，但其中既没有加尔各答，也没有德里。文章过半，第三幅图中出现了加尔各答，但还是没有德里。第四幅图中终于出现"德里"字样了，却是"新德里"。这样就不够妥当。

图表要有说明，要对得上号，不要寄望于读者自己猜出来，哪怕他们猜得出来。例如有篇文章说"曾国藩和李鸿章作为晚清两大名臣……据说这师徒两人一生都情同父子"，下面配了幅人物画。也许画中左面的确是曾国藩，右面是李鸿章，但文字说明一定要加上"左"或"左起"，不能像古书那样，把断句辨义的责任交到读者手中。

4.5　篇章要点

本节内我们从文章整体来看一些注意事项。

W14　先搭框架

建房要先搭房架，先把柱子、房梁架好，然后再砌墙开门窗等。写文章一样，也要先打好架子，先把大纲大章节列好，然后在充填内容时加以调整。

当然，造房子只是个跛脚的比喻，写文章要灵活多了。很多文章在写作、修改过程中有了新发现、新想法，那就需要调整，甚至大调整。我自己就有这体会，第十稿跟初稿简直是云泥之别。但这不妨碍在写作之初先搭个粗略的框架，以帮助定位和出发。这相当于《红楼梦》和

《水浒传》的区别。我相信曹雪芹在写作之初一定有个大致框架和脉络：先荣后衰，哪个主角哪个配角有怎样的纠葛和命运——相当于一个逻辑结构。但《水浒传》就是花开两枝、话分两头，写到哪儿是哪儿。它本质上是多个作者分头独立创作，然后施耐庵用一条反贪官拥皇朝的主线把这些独立情节串联起来。

W15 要点先说

文首的引言部分要把主要观点或主要方法亮出来，文章第一段为全文要点，一个大段的第一句为整段要点。要点先说有外号叫"点睛画龙法则"，不是"画龙点睛"，"点睛"和"画龙"有先后顺序。

有些文章一开笔就跑题，就是没有把握要点，"下笔千言，离题万里"。以某篇描写某地语言的文章为例，按说引言部分应该直接告诉读者本文想做什么事情，怎么做的，如想描写该语言音系，用什么方法描写，该语言有哪些特点值得描写，等等。但这篇文章却是从该语言的地理位置在东经北纬多少度，两千年前的行政建制到两年前的撤县设市，一直写到当地物产丰富、交通便利等。这些背景知识在大部分情况下没有必要，如果对描写该语言是必需的，可以放到附录中，而不是一开头就把读者带到悠远辽阔的境界中去。

W16　多加修改

　　文章是改出来的，这是不刊之论，连文章绝顶高手鲁迅写篇小杂文都要"写完后至少看两遍"。倚马千言，当然很天才，但很难得，不足为训。时事评论时间紧，作者还可能因热血沸腾而快速写就，不过一般也就短篇急就章。我年轻时也有过一气呵成的写作经历，那是当日足球评论，千把字一篇。有时写随堂作文，题材熟悉，篇幅不长，个把小时咀嚼腹稿再落笔成章问题也不大。但大部分文章，尤其是学期论文，改个十稿八稿是常事，我自己的文章有些甚至改到十七八稿。下面是一篇文章不足百字的提要初稿，删除线表示在修改稿中被改掉。

　　　　初稿题目：浅析人殉自先秦至秦朝盛行的因素

　　　　摘要：人殉的现象在商朝兴盛，于周朝开始衰落。然而在春秋战国时代，活人殉葬的现象在秦大中始终流行并一直延至秦朝。这个发展趋势与周朝时大不相同。本文将分析当时政治局势及文化背景等，探讨秦大人殉风气盛行的原因。

下面是修改稿，可以看到，初稿的四句话改为两句，每句都有改动，第二句重写。

修改稿题目：浅析秦国人殉盛行的原因

　　摘要：人殉葬仪在商朝盛行，于周朝时开始衰落，但在秦国人殉依然十分流行并一直延续至秦统一，这与当时的大趋势相悖。本文将分析秦国的政治局势及文化背景等，探讨秦国人殉风气盛行的原因。

初稿的"兴盛""秦人""当时"改为"盛行""秦国""秦国的"等，都更为明确恰当。还有两个句子也改得更精练而清楚。更重要的是标题修改。初稿标题中的"因素"一词，意义较为宽泛，此文是寻找人殉的原因，所以修改稿直接写"原因"意思更明确。其次，初稿中"自先秦至秦朝"讲的是一段时间，可以解读为先秦的其他国家或所有国家，但其实文章谈的就是秦国人殉，修改稿就明确指出这一点。

第 5 章

避免主谓教条

5.1 积非成是

常文写作需依照主谓语法和主谓结构的逻辑（主谓
语逻），但不要把这当成教条，不要为之所累。语言文
字是会变的。变化的驱动力大部分场合是"错用"（说
错听错写错），错用到大家接受。现代汉语书面语还处
于成长期，才只有约一百年的历史，有些用法还处在
修辞到语法的过渡阶段。一个因上下文获得的临时义
是一种修辞用法，修辞用法用多了会凝固成条例，完
全僵硬的规则大多行不通，规则每过一段时间就得
修正。

5.1.1 应用需要

常常可以听到"我夫人"这种说法。照理，"夫人"
是尊称、敬辞，怎么用"我夫人"呢，说"您夫人"才
对。但架不住一错再错，错到积非成是。可能因为无敬谦
的中性说法"太太"（我太太、你太太）曾被当成"封资
修"（封建主义、资本主义、修正主义的合称）批驳，
"夫人"仍用以称呼高级干部的家属。现在，新一代把敬
辞降为中性词使用，"你夫人"蔓延到"我夫人"。

5.1.2 糅合造句

上文建议不要杂糅（详 P3），那是从主谓结构来说的。话议语法中"她被人杀了"＋"她给杀了"＞"她被人给杀了"等杂糅句可看成是连环同构句。而"杂糅"这个略带贬义的词，沈家煊把它改为中性的"糅合"，他认为糅合是造句的重要方式。[①] 所以这是一种话议结构侵染主谓语法的过程。

a）粟戎生 1961 年加入解放军……1999 年升为中将军衔。[晋升为中将+授予中将军衔]

b）政审不合格者不能参加普通高校的录取。[不能参加高考+不能被录取]

由于汉语的语法弹性大，中国人容错程度高，上述两个杂糅后的形式不但出笼，并且语感上不同程度地被接受了。这种已被接受的杂糅形式的一个典型例子是"出乎意料之外"。这本来是"出乎意料"杂糅了"意料之外"，但现在杂糅形式似更常见，所以就成了正常形式。

---

① 沈家煊."王冕死了父亲"的生成方式——兼说汉语"糅合"造句方式[J].中国语文，2006（4）：291—300.

5.1.3　词类活用

从古汉语开始名词就有所谓的"活用"，例如"豕人立"，名词"人"活用为副词。这种情况在现代汉语里还很能产，比如"很/最"是程度副词，用来修饰形容词：很好、很壮实，最美丽。一般不能直接修饰名词：＊很树，＊最课堂。但在"勤劳智慧的中国人民"中，名词"智慧"活用为形容词，有一种可能是缺乏相应的形容词（聪明显得不庄重），而语言应用又需要，所以就活用了。如果这种语用性、修辞性的临时用法获得了能产性，渐渐地它就向语法靠拢了：

> 很智慧 ｜ 很暴力 ｜ 很中国 ｜ 很古风 ｜ 很神童 ｜ 儿子非常善良，非常懂事，而且很孝心 ｜ 最哲学的年代 ｜ 最公正、最道德的共和国 ｜ 最逻辑的人工语言思维

很多表达如果写成合语法，反而引出其他问题。写成"很有古风""很像神童""最有逻辑性的"，显得辞费。在传统作文法中，辞费算是败笔。"很中国 ｜ 很暴力"很难找到合乎语法的原型，加词解释也不一定合原义，因为会产生多种解释，比如"很有中国味儿 ｜ 很显暴力""很有中国风 ｜ 很有暴力倾向"等。

5.1.4　随文生义

还有一种"随文生义"，即根据上下文联想或受上下文侵染而获得临时义，如上名词"智慧"最初可能是由于具体场合紧接在形容词"勤劳"后受到"感染"而临时性用作形容词修饰"中国人民"。

　　c）这种语词间的协调，考验的是作者的词语敏感度，而想提高<u>度数</u>，首先是多读好作品。

　　d）猕猴桃是一种既美味又<u>营养</u>的水果。

例 c 中的"度数"原指按度计算的数目，现用在紧随"敏感度"之后，获得了一个修辞性的临时义。

"既……又……"连接两个形容词，如：既饿又渴、既美丽又大方。一般不能连接名词，如：*既木头又水泥。但例 d "既美味又<u>营养</u>"中的名词"营养"，似乎也是受前面"美味"的感染而临时用作形容词。上文说很多表达如果写成合语法，反而引出其他问题。此处改为合语法的"既美味又有营养"，破坏了对偶节奏。

临时义用得多了，就可能成为固定义，如名词"智慧"最初也许只是临时性用作形容词，但现在已经普遍使用了。

5.1.5　方言影响

语法变化受方言扩散影响。类似下例的句子一两代以前是判为病句的，但因为"有"的类似用法在闽粤方言中都很常见，方言反向影响普通话，慢慢也开始接受了。

你<u>有</u>替我买点酒吗？

5.1.6　经济性原则

人说话有个倾向，即惯于偷懒，学术点叫作"语言的经济性原理"。比如广东话有所谓"懒音"，天津话有"吞音"，北京话没有一个专门名词但不代表它没有，相反，它还特别"懒吞"，大家都听说过"匈时炒鸡蛋"（西红柿炒鸡蛋）、"大师乐"（大栅栏）。

写作也是这样，经常用的长词语会缩减，比如本书常说的"主谓语法和主谓结构的逻辑"，就给缩成"主谓语逻"。读者一开始看可能不适<u>应</u>，读完全书就会习惯。

5.2　绕过规则的原因

不遵守写作规则除了上述群体无意间积非成是的情

况，还有个人有意为之的需要。

5.2.1　美文另有写作要求

主谓语逻对美文无效。文学创作中这套规则非但没用，简直有弊（当然小说还是有逻辑结构要求的），对写诗来说更是绝对如此。我们都觉得下面这些逻辑错乱的诗句美得不像话：

> 黑夜给了我黑色的眼睛，我却用它来寻找光明。（顾城《一代人》）

> 卑鄙是卑鄙者的通行证，高贵是高贵者的墓志铭。（北岛《回答》）

> 所有的沉默都在，呐喊它的疯狂。（网诗《沉默》）

> 我挥一挥衣袖，不带走一片云彩。（徐志摩《再别康桥》）

还有这种句法颠三倒四得难以拼接的名句：

> 香稻啄余鹦鹉粒，碧梧栖老凤凰枝。（杜甫《秋兴八首之八》）

诗歌为了迁就平仄、押韵等韵律要求，调整一下"调整"的次序也勉强接受了。下面是黄克孙所译的海亚姆《鲁拜集》中的一首诗，"为了迁就韵脚而将<u>调整</u>一词颠倒为<u>整调</u>"①：

> 曾司北斗与招摇，玉历天衡略<u>整调</u>
>
> 纸上淋漓纵醉笔，勾除昨日与明朝

跟本书所谈的常文规矩不同，美文创作另有感性范式。

> 如果爸妈听了我们的辩论，是不是以后不敢和我们说话了，他们也不再给我们发微信说"你们少熬夜"这种正确的废话了……

> 美丽的爱情就是找一个人多说说废话，很多的我爱你都藏在废话里。最后祝大家都能找到一个愿意一辈子听你说废话的人。

我们来看一个大专电视辩论，辩题是"正确的废话，还要说吗？"。反方理由充足，逻辑清晰，几乎碾压正方，全场都认为反方赢定了。但最后结辩时正方打出了上例感性牌。结果观众投票大反转，正方胜出。主持人说：女生们突然都化掉了，一颗稍带理性的心不见了。

正确的废话，指的是主谓语逻中表达的理性意义，从常文角度看，说一遍就足够。但语言还有其他功能，所以这个辩题有歧义。正方就利用了这个歧义，把达意标准

---

① 江晓原. 卿为阿侬歌瀚海，茫茫瀚海即天堂——从黄克孙译《鲁拜集》谈起 [J]. 博览群书，2011（11）：54—57.

中的传意功能偷偷转化为传感功能（详§1.3.1"达意与文体"），把正确的废话的传意赘冗偷换为亲人爱人之间的传感需要。这可能是组织方出题时考虑不周，也可能是有意为之，用以突出传感功能。

5.2.2　标点的美学兼实用考虑：不臃肿

前文§4.2谈标点时提到一个"不臃肿"的美学要求，当时没展开。这不是一个硬性要求，但文章的形式美感，在不妨碍达意的前提下，是可以也应该加以考虑的，而且常常能方便使用或帮助达意。例如W4中，例f′省去两个顿号和一个分号变得简洁；W4中的例c、例d，两对引号间的顿号省去，不但更美观，紧凑的排版还有助于阅读和达意。还有一种情况，可考虑省略顿号：

　　a）把正确的废话的传意赘冗偷换为<u>亲人爱人</u>之间的传感需要。

　　b）用住房来比喻，常文是<u>地段面积结构朝向采光通风用料施工质量</u>等硬条件。

　　c）提出的解答多不胜数，绝大多数是从<u>政治军事文化社会经济地理</u>等外在角度来讨论的。

例a中"亲人爱人"中间的顿号可加可不加，不算典型例子。例b和例c都是连串的并列项，按说要加顿号，但加了以后非常臃肿累赘，见 b′。而这里的列举只是个比喻，想表达有很多条件，具体是什么并不重要，所以这么不加顿号一串下来，反而有众多的感觉。

> b′) 用住房来比喻，常文是地段、面积、结构、朝向、采光、通风、用料、施工质量等硬条件。

5.2.3 语言应用所需要的表达歧义

§3.2.7 有条例"不用'鸡汤'拔高"（L8），含有两种意思：不要用"鸡汤"来拔高，用不着"鸡汤"拔高。前文没表达清楚，是为了把两种意思都保留。再举一例：

> d) 像李老师那样，理论上<u>让人</u>肃然起敬，实践<u>上自己</u>敬谢不敏。

> d′) 像李老师那样，理论上肃然起敬，实践上敬谢不敏。

例 d 是作者心里想明白的意思，李老师所谈的理论让他人敬佩，但这理论李老师自己并不践行。例 d′是定稿的句子，比起例 d 来用词精练，铿锵有力，但意义上"肃然起敬"和"敬谢不敏"是两个不同的施事，表达得就不够明白。也就是说，例 d 是话议句，句中话题在变换，读者需要了解背景知识才能理解动作行为的发出者是谁。

文稿最后还是取 d′句，是因为例 d 看上去有点皮里阳秋，而李老师是位令人尊敬的前辈，批评要委婉一点，也就是表达上模糊点。所以，表达不清有时是故意的，是语言运用需要，但作者还是要先想清楚的。

5.2.4　另有所图的常文不在其列

本书开头就说明白是第一要素，但有些常文另有所图，比如某个股评家写的股评报告，可能会故意写得隐晦点或误导些，以引导缺乏独立信息来源的散户往某个板块投资。网络上大量的"标题党"都是为了赚取流量而故作玄虚，例如一篇流播很广的新闻采访，题目是《中国15岁高一女孩，解开世界性难题，婉拒央视采访：不想让我妈看到》。前半点明是个惊人成就，后半设个疑局，引你入彀。问题是她怎么接受这次采访了？这篇报道她妈看不到？文章起首海阔天空207个字符，古诗励志、现代理想，堆砌了一个宏阔空洞套话的啰唆开头。接下来长长的正文是介绍她的经历：学习、生活、参加的学术会议等。终于要引到正题了：

> 谈方琳作为一个高一的学生，到底做出了多大成就，才能够拥有这么大的名气和派头呢？
>
> 实际上，当我们去了解谈方琳的成绩之后，会发现我们甚至无法理解她的成绩是多么的伟大！

这种文章首先伤害了读者原本可能喜欢它的感情，也对上下毗邻的文章造成伤害：读者不会有兴趣再读，甚至很长一段时间不会上这个网站去。

此类另有所图的文章不在常文的常例中。

5.3　期盼的配套措施

5.3.1　语文恒变，用法常新

语文从古到今一直在变，这是一种"客观现实"，写错也许牵扯更多的文化因素，而听错说错大多是自然变异现象。这种演化更新相当于社会时尚，既不能赶到前头，操之过急，也不能落在后头，囿于古板。理解它并学会跟它和平相处就好。到下一代就会自然消解，或不了了之，或不解自解。我们人生很短，而语文寿命很长。不要拿人生变化的尺度，去测量不同语文成分的各种变化速率。

5.3.2　对语文教学的期待

面对语文演化现象，有关部门不用担忧，也不必着急，不用急吼吼地马上去改，也不要慢腾腾地老是不改。不过，我们的语文课倒是需要有一些应对措施，可增加一项 1~2 课时的教学内容，说明这种正在变化的"异形"

（异读、异体等）情况。很多上一代的错用到下一代就接受了，例如：叶 shè>yè（公好龙），（岛）屿 xù>yǔ，每下愈况>每况愈下；有些还在两可之间，如：身份——身分，一副——付（手套）。当然，错用在大部分情况下被规范改正过来了。错用与正用可能长期并存，这类似于语文演化，也许更应该说，形形色色的错用正是语言演化的一部分，而且是大部分。

5.3.3 对学生的建议

尽管语文变异和演化客观存在，但对于学生来说还是要学习规范语文，不能用演化作为借口来辩解。学生应该明白两点：第一，语文创新变异工作大多由美文承担，美文不受主谓结构约束，为了生动和诗意，还常常打破主谓语逻框架。常文中的说理文如果需要，可以通过"定义"创造新术语，一般描写说明文和记叙文就不要多花心思在创新语词上。第二，指出这种积非成是现象，是提醒学生注意这不是常规用法。学生阶段以学习常规用法为主，"限制中见能手"。当然如果有学生对常规用法游刃有余，那么对他的超常规修辞不要阻碍不要打击。他可能是作家的苗子，将来想怎么修辞就怎么修辞，那时他有责任也有义务推动汉语的健康发展。

5.3.4 对语言学界的期望

鉴于语文恒变的现实和教学的需要，期盼语言学界对此作出应有的贡献。

第一，建议中国语言学会成立一个语文教学专业协会（语教会）。

第二，语教会提供一项语料库研究的资助，每年发布几个常用词的变异情况和接受度推荐。

第三，语教会牵头制定一部简明主谓教学语法。

教学语法一定是规范语法。以前不管古今中外都是教规范语法或规范性音韵文字训诂知识的。几十年前有了描写语法之后，规范语法遭到贬抑。其实规范语法还是需要的，过去只是研究不够或标准过分罢了。规范语法的标准就是普通话的语法标准：

以典范的现代白话文著作为语法规范

这条语法标准需进一步把"现代白话文著作"细化为常文和美文。规范语法学家的任务就是从典范的常文书面语中挑选实用而变异度小的语法条例，制定一部简明教学语法。每过若干年修订一次。由于语文恒变以及主谓语法还在成长期，所以，这部教学语法应尽少涉及变异度大和争议性强的语法现象。

第 6 章

作文点评

高考作文题历来是作文评论的热点，前文§1.6说本书不是为高考作文设计的，事实上，我对高考的作文"指挥棒"不是很满意。本章试着通过点评几篇作文，指出现在通行的两大写作标准（立意新颖和文笔生动）对教学方向的误导。写作需要强调的是平实、合理，以及基于其上的想象力这三项要素。

6.1 情悟文的问题

情悟文不但是学校作文的重中之重，还是社会上最受欢迎的文体。下面先引两位专家对高考作文的评论，然后再谈我们的看法。

6.1.1 中文教授评作文

图 5 是 2016 年高考语文全国 I 卷写作题的相关材料，题目让考生阅读漫画材料，根据要求写一篇不少于 800 字的文章。（想来是悟文。）

有一位名校中文系教授批评这个作文题——

这样的题目有什么意义呢？

（据夏明作品改动）

图 5　2016 年高考语文全国 I 卷写作题材料

我真是觉得这样的题目既肤浅，又<u>无想象空间</u>，与一个青年人应有的思考力极不般配。它看起来可以发挥考生的观察能力，每个人可就自己所观察的，审题、构思、找角度、表达观点，但它最大的局限是意旨简陋，指向性太明确，且有过于清楚的价值暗示，这种暗示甚至是结论性的，无非就是不要以分数高低论输赢，拒绝过于功利、严苛的教育方式，或起点低的哪怕进步一点也是进步，起点高的退步一点也会被另眼看待，要辩证看进步与退步问题——如果考生真这么写，又太一般，太没新意了，这是大家都懂的肤浅道理啊！结果估计就是千篇一律，都在说点小常识、小道理，而要<u>独辟蹊径，出彩</u>，很难。想想真是很悲哀啊，全国卷，高中生了呀，还出如此简单的、毫无思考力的题目给他们作文，数百万的青年，在人生的关键时刻，共同探讨的不过是分数高低不是最重要的这种<u>毫无思想光彩</u>的话题，这个民族怎么会出思想家？怎么会有<u>独立人格</u>？这样肤浅的题目，就是拿来做中考题都显得太过简单了，何况高考！有一个老师说得好，古代的科举考试至少还引导考者去读四书五经，可今年作文题要引导学生读什么？我看什么也不用读，凭点小聪明足矣！

现在，上上下下都在耍小聪明，甚至还鼓励大家耍小聪明，以致给高中生也出这种有点小聪明就会做的作文题，根本不关心他们读了什么书、有何个人创见，我有时想，在拉低民族智商的过程中，中国的作文教育真是起了极坏的作用！

好的作文题应该蕴含思想深度的，在思力上也应有无穷可能性的，至少国家层面要有意做这种引导，而不是让这些青年都去重复那些一目了然的公共结论，都去靠一些小小的思想甜点过日子，因为作文最终的目的是要解放考生的想象力，享受汉语之美，进而培养有独立思想的现代人。

文中对当今作文试题弊病的批评，我很赞成。但他开出的药方可能有问题，如好的作文题应该"蕴含思想深度""思力上有无穷可能性""解放考生的想象力"，显得空泛，可操作性不大（想象力本身不空泛，但解放想象力得琢磨个操作法）。对想象力、能享受汉语之美的鉴赏品美能力的要求，首先是阅读训练的目标，而不是作文训练的重点（有关想象力、鉴品力，详§6.5）。有些期望稍高但还可努力，如"独立人格""有独立思想的现代人"。还有些期望，如"思想光彩""思想深度"甚至

"思想家"，似乎不是普通教育所能承担的，中学语文课就更不用说了。

这位教授提的要求都是思想方面的，包括立意，类似于科研中的科学假说，是无法设计课程去教的。只有"独辟蹊径"的要求有一半操作性，即跟其他文章相比，能从反面确认是否独特，但从正面角度怎么教会学生独辟蹊径，则又回到立意创意上了，还是无法教。独辟蹊径的要求跟下一节采薇老师的"独一份儿，有新意"相同，§6.1.4重点讨论。

6.1.2　语文专家评作文

下面是 2017 年上海春季高考语文写作题：

> 有人说："我走过许多地方，有寒冷的，有温暖的，有崎岖的，有平坦的……但没有哪一片土地不值得我关注。"请写一篇文章，谈谈这段话引发了你怎样的思考。要求：（1）自拟题目；（2）不少于800字。

这个作文题得到语文大咖的一致好评。

有位语文专家、作文顾问采薇老师评论这道试题：

> 看到这道题目的第一句"我走过许多地方"，采薇老师心里"突"地一下，难不成接下来是"行过

许多地方的桥""爱过一个正当最好年龄的人"?（沈从文《从文家书》）这着实让采薇老师乐了一回。采薇老师以为，题目好不好并不是咱高三学生关注的，咱关注的是题目"好不好写"……什么叫"好写"？就是有话说，不容易偏题……

回到作文题，"寒冷""温暖"，"崎岖""平坦"两组词语意思相对，互为补充，加上省略号，取消限制，开放度极大，涵盖社会生活的方方面面。这就是好写。

可是，要"写好"不容易。啥都能写，那写啥就颇费思量了。这大概是许多同学"一脸懵"的原因。少了限制，反而不知从何说起了。

题目中有一句，"但没有哪一片土地不值得我关注"，"没有""不"，双重否定，强调不论寒冷艰辛还是温暖顺遂，"每一片"土地都值得我去关注。这里的"土地"是有象征意义的，是"我"的所到之处、"我"的人生经历。由此，文章的主题落在：生命中有许多东西需要关注，"关注"不仅用眼睛，更要用心灵。

考生要选取引发自己思考、引起自身关注的"那一片"，写"我"的那一片，而不是"大家"的那一片。举个例子，写雾霾就不讨巧，人人关注，你能写成啥样？要写别人笔下皆无的文章，通俗点说，你写的是"独一份儿"的，那就有新意。

采薇老师在评论了这个命题后，自己小试牛刀写了一篇。我原以为她批评情悟文，谁知她写的也是悟文，不过是高水准悟文：

素材：上海南京路上行乞的老人。

主旨：每个人都是一个世界，不为人触碰。

那是一个午后，我走在南京路上，人很多，差不多是摩肩接踵了，好在并没有人着急，都是走走停停，十月的阳光照在身上，暖洋洋的。突然，响起一阵音乐，我停下脚步，原来是有人在华联商厦二楼的阳台上吹萨克斯。商厦泛黄的外墙在光线的斜照下，愈发古朴，很容易就把人带回过去的时光。你见过这样的场面吗？几百人静静地站在车水马龙的街上，侧耳倾听。

说实话，演奏的水平并不高，我想听众中的多数也如我一样，只是被这样的场景所迷惑——阳光音乐，这一刻温暖美好。

一个很老的乞丐出现在人群中，他在每一个聆听者面前停下，伸出他的搪瓷碗，那是一个很脏的搪瓷碗。他来到我面前，脸上是很深的皱纹，皱纹里是很深的污垢。他照例伸出搪瓷碗，我从未见过这样的手——粗糙，极宽大的骨节。我有点吃惊地看着他，他低着头，好像并未听到音乐，他的全副精力只在手中的碗上。

许多年过去了，我总是记起他——他站在我面前，离我很远。

我走过许多地方，见识过光明和黑暗、见识过温暖和寒冷，我总是试图去触摸感受，可是，多年前那个午后阳光下行乞的老人，告诉我，每个人都是一个世界，无法参与，只能关注。

以上是采薇老师写的片段，选材和立意上力求新颖，写"我"关注的那一个，写"我"的所见所思。采薇老师写作，常常会陷入一个窘境：言不及义。心里有一个意思，怎么都找不到合适的词语。这也没有别的方法，唯有多写多练。

回到上面的文字，叙述描写力求简洁，该渲染的也到位，可是，议论处实在欠缺，有一种"力尽"的感觉，这大约是选材上刻意求新造成的。

想要新人耳目，又妥帖自然，就得多观察思考，多一些蓄积，不仅要埋头做题，更要抬头看世界，不然，肚子里只有几个事例，还想出新，就只好"硬扯"了。

采薇老师很谦虚，说自己常常"言不及义""议论处实在欠缺""只好硬扯"。其实这篇文章写得极有悟性，这跟她"选材……求新"无关。选材其实不新，乞丐穷人黄包车夫，这是文人"肚子里"常有的"几个事例"。关键是采薇老师不经意间一个对照，写出了禅悟的一重法则——因果循环，她文中有两句极美的文辞互为因果，下引文句中的"所以"是我僭加的：

> "他站在我面前，离我很远"，所以"每个人都是一个世界，无法参与，只能关注"。

> "每个人都是一个世界，无法参与，只能关注"，所以"他站在我面前，离我很远"。

"他站在我面前，离我很远"，是咫尺天涯，之所以只能看而"无法参与"，是因为天涯太远了。或者反过来，因为"无法参与"，所以哪怕就在面前，也显得如此遥远。你因我果，但既然你中有我我中有你，那么也能我因你果——这是我的联想之悟。采薇老师给予的启迪说明悟文自有其功效。

6.1.3 生动性先别追求

有位名作家回忆当年作文老师是怎么教他写作的：

> 我对他很感恩，是他教会我，写文章首先讲究就是"生动"，还要有画面感。

这话勾起我的回忆。我从小到老直到不久前还不太明了写作到底是怎么回事，只知道要写得生动，要栩栩如生，要打动人心，要感动中国，要震撼世界，要厉害，要出奇，要狮首豹尾龙睛凤鸣，要夺人眼球摄人魂魄，要想人所未想，要"语不惊人死不休"。

写得生动、有画面感，相当于印象派野兽派。这种画好吗？好。那中学美术课要不要去学？不要。中学美术是个打基础的课，要学写生、学静物画、学几何构图、学光影观察。语文课也一样，得先学描写叙述准确，说理论证合逻辑，有余力有兴趣，再去追求生动活泼的画面感，而现在的作文教学却是未学走路就学跑，行楷不稳先狂草。写作课的学习顺序不能像"莫言"们说的，先学写生动美文，把严格周全的语法逻辑留给大学中文系，留给八十岁；而是要反过来先学写平实合理的常文，先学写生再"野兽"。

所以，写作课不能把生动性这条目前大众认知中排位最高的标准列入基本目标，我们已经生动得只差不说大话不会说话了。如果没有平实基础，缺乏逻辑条理，那么表达越生动，就越像巫婆神汉邪教主。

文笔生动在美文写作中第一重要，但在常文写作的重要性中排第四（详§1.2.2），在语文整体素质中排第五（详§7.6）。

6.1.4　出新意不应强调

跟生动性并列的另一至高要求是出新意，或者说独一份。问题是每年大中小学的学生会产生上亿篇各类文章，都写独一份新意，能产生上亿新意吗？显然不可能。拿不可能的事情去要求学生，显然提错了要求[①]。人文领域中没必要逼着学生甚至成年人去憋新意，太阳底下没那么多人文新观念[②]。

2018 年有篇高考作文《感谢贫穷》传颂于网上。作者写的是个人经验，贫穷激发了她的斗志，这是值得赞赏的。但这是个人励志故事，感谢自己就行，用不着感谢贫

[①]　此处不能以"取法乎上"来辩护，因为最多也就一两个学生悟出真正的新意，投入产出不成比例。而且那一两个有创意的学生他们的天才根本捂不住。

[②]　这话对有创新欲的人来说有点残忍，但真正有创造力的人是挡不住的。对绝大部分学生来说，脚踏实地学会平实合理的写作准则是起飞的前提。

穷。问题出在成人社会，网上把她的个体经验同构推演为普遍命题，这就邪性了：感谢贫穷这个论点怎么辩护？贫穷好？继续维持社会贫穷还是个人贫穷？还是自己脱贫其他人继续穷？作者本人，进入大学深度学习后一定明白，像"贫穷"这种题材是要写成说理论证文，而不是鸡汤桃花文，否则就要重蹈于丹覆辙。补充一句，如果把这作为一种辩论训练，那没问题，正反观点都得辩护，不过，辩论需要的是语法逻辑精确的推理论证，而不是用鸡汤桃花的忽悠。

贫穷本来是要消灭的，但群众因同构推理思维去感谢去歌颂，算是"出新意"这个糟糕要求结出来的糟果子。其实这也算不上新意，无非"穷而后工"，厄运激发斗志，两千年前司马迁就说过这意思，还拉来文王孔子左丘孙子屈原韩非吕不韦等作证。司马迁自己也是遭难后写的《史记》，悲愤到只"可为智者道，难为俗人言"，不可能到处感谢所受的极刑，反倒是说，人都有天性，若为了大义而不贪生恋家（相当于感谢贫穷），"乃有所不得已也"（《报任安书》），这才是通达的常识。现在该学的常识不好好学，反而要求挖空心思发掘反常识的新意。

2017年有篇刷屏的中学生作文《愿你》，网络转发称

"暖哭无数人"。其实此文立意并不新，最出彩的一句"愿你走出半生，归来仍是少年"，文字很优美，但寓意却是几代人从小被灌输的"永葆革命青春"。

§3.2.8《三驼图》中的题诗，列数张驼、李驼、赵驼，完了一句大悟："世上原来无直人"。这本是"人心不古"（没有正直人）、愤世嫉俗的千年旧意，却赢得一片"立意漂亮"的赞叹。这都说明，我们推崇的"独辟蹊径"只是表达上的新比喻新联想，而不是真正显示创造力的新思想新观念。如此作文，训练的不是说什么，而是怎么说，形式重于内容。怎么说当然很重要，但必须先有合适的内容。

古今中外，人生没那么多新意，有的只是对一些普遍道理的个人体会。就好像落体定律就这么一个普遍公式，不同的物体从不同的高度落下，就有了种种独一份的"落法"，但所体现的道理也就一个落体定律。所以，作文不能刻意要求学生去写新意，而要帮助学生从个人独有的角度，体会人生共同的道德定律如诚实、坚毅、守信、守法等，体验人世间共有的美好情怀如爱心、同情心、宽容、通达等，从自己的成长经历去学会任何社群都须具有的共同价值。这才是教育的功能，可以帮助个人成长完善、实现潘光旦所说的"位育"。

6.2 记叙文的问题

记叙文最大的问题就是不愿或不会老老实实地平铺直叙。按说记叙文就是<u>照实叙述</u>某个事件，但作者总想着抒发激情或悟出高大上的立意，即使叙述也夹杂着想象或议论。这都已经成为病态性常态。前文 L8 中举了几例公开发表的文章，作者都把记叙文甚至八卦新闻引到悟的立意高度。下面再来看几例高考作文。

6.2.1 老师的问题："合理想象"的记叙文

下面是 2017 年高考语文北京卷写作题之一，写一篇以"共和国，我为你拍照"为题的记叙文：

> 2049 年，我们的共和国将迎来百年华诞。届时假如请你拍摄一幅或几幅照片来显现中华民族伟大复兴的辉煌成就，你将选择怎样的画面？请展开想象，以"共和国，我为你拍照"为题，写一篇<u>记叙文</u>。
>
> 要求：<u>想象合理</u>，有叙述，有描写，可以写宏大的画面，也可以写小的场景，<u>以小见大</u>。

题目要求写一篇"有叙述，有描写"的记叙文，这是应有的写实要求，但标题"共和国，我为你拍照"有情悟文色彩，要求展开想象更不可思议：这到底是叙述还是想象，还是想象的描写？这是个预想未来的题目，考生不得不想象联想。但实际操作上，是写科幻类，或是写带有推理性的预测文，还是恣意想象、抒情歌唱一个美好新世界？按我的理解，叙述描写是不可能的了，因为描述对象还没出现；最终只能写成含有联想的情悟文。题目中还有一个"以小见大"的要求，这实际上是汉语自然逻辑中的外推式同构思维（详§3.2.5）。精通此道的语文老师却会要求学生做到这一点。所以，这不是学生的问题，而是老师的问题。

6.2.2 到语法原理中找根本原因

夹议夹叙是话议语法规则和汉语自然逻辑的一种表现形式。"议"包括判断和想象。其实两者对于中国人来说没实质区别，过分一点的判断就是想象，不过分的判断里也夹杂想象，而想象常常被很多人用一句口头禅说成："我说的不过是事实。"

　　a）水千寻面露讥讽之色："陈阳，你怎么不说，整个星海都会毁灭？"陈阳没有理会水千寻，看向其他四位门主正色道："我没有开玩笑，我说的都是事实。"

b) "我只是陈述事实，你自己心里清楚就行，没有威胁的意思。"陆凡笑着说道。

例 a 中，本来水千寻问的是星海将来是否会毁灭，回答却是"我说的是事实"。星海毁灭之事还未发生，陈阳只是得到一个消息说将会发生，但在他脑子里已然是个"事实"了。例 b 中陆凡威胁对方将来如何如何，但已经把它当"事实"了。这种把未来或想象或希望之事说成"事实"的例子很常见。

夹议夹叙还有个特例：把说话人态度语法化，也就是说，在叙述一件事情时，不由自主地把评判态度融合到语句中，比如谦语和"抑他语"都是作为句法形式的小称的表现，不用重叠式小称，句子不合格：

c) 我来看看（自谦）｜ 他不过是来旅旅游（抑他）

记叙文写作明里暗里夹杂议论想象的客观原因是话议语法规则和相应的汉语自然逻辑，甚至有一些话议语法表达都不合格。历史上主谓句式是特例，主谓逻辑还没有发展出来，只能又情又悟。这就是为什么必须按主谓语法学写照实描记，按主谓逻辑学习说理论证。这是必要的语文表达训练，也是初阶逻辑训练。

6.2.3 返璞归真：记叙文范文

下面来看一篇写得清清楚楚的记叙文，文从字顺，逻辑连贯。这是作者通过听一位司机讲故事的方式写的一篇关于科学发现的记叙文。

《科学家的司机》（作者：商周，"知识分子"微信公众号 2018 – 11 – 03。稍有删节）

宾馆送我去机场的是一位老司机…… [司机姓郭，65 岁，退休返聘，从部队复员后到大学开车已有 42 年] ……郭师傅问起了我的情况："教授你是做医学的吗？"

"哦，我不是医生，只是做些医学方面的研究。"我回答说。

"医学研究，你做癌症研究么，那挺有意思！"郭师傅说这句话的时候提高了一点声调，但车依然稳稳地在高速上前进 [这句话有点意思，蕴含象征义]。

"我不研究癌症，您认为癌症研究有意思，为什么呢？"我有些好奇地问。

"我们领导，也就是我们附属医院的副院长，就是做癌症研究的。他总是坐我的车，时间久了，我就觉得他这个研究有意思了。"

看着我不说话地看着他，郭师傅接着说："食道癌你知道吧，在我们河南林县可是高发啊。我们领导就是研究这个癌症的，每年都去林县调查、采标本，一般都是我开车带他去的。那林县，食道癌就是多，有的一家人里都好几个。"

"食道癌我知道，但不知道咱们林县的发病率那么高。"我说。

"我们领导做这个研究都十几年了，那时候他还不是领导，跟着他的老师一起去林县做研究，从那个时候起基本上就是我给他们当司机的。"

"那研究了这么多年，知道为什么林县那么多食道癌了吗？"我问。

"唉，这个可复杂了。不容易啊！"郭师傅感叹了起来。

"是不是和水土有关，要不怎么就偏偏林县这个地方那么多呢？"我试探着问。

"你说的水土是环境因素，刚开始大家都这么想，包括领导，但研究起来发现不是。"

"不是？为什么这么说？"我的兴趣来了，追着问……

"大家都觉得是水土还有生活习惯的问题。比如说吧，当地人吃面条都是趁热吃，呼呼拉拉很快就到了肚子里，不是说热的东西会烫死细胞然后增加食道癌的风险吗，这听上去合理。但你想想，咱们河南其他地方人吃面条不也都是呼呼拉拉趁热吃么，那他们怎么就不容易得食道癌呢？还有，有人又说是当地人喜欢吃烧烤，说烤焦了的东西致癌。但你看新疆人不是吃烧烤更多么，也没听说新疆人食道癌特别多。"

　　"是有点道理，但这也不能得出环境因素不重要的结论啊。"我对这个回答稍微有点失望，轻声地说。

　　"你继续听我说，林县以前有一个几百人的村子，几十年前因为当地不适合居住了，整个村子搬迁到了八百里外的山西去住。我们领导知道这个事情后，马上去了山西调查，看看这些人的食道癌发病情况。你猜怎么着？这些人的食道癌还是不少。你说，这个现象说明了什么？"……

　　"难道说环境因素不重要？"我小心地说。

　　"是啊，环境因素不重要，而且林县人也没有什么明显的和其他地方人不一样的生活习惯。你说，那会是什么因素导致食道癌在这里高发呢?"

"那有没有可能是遗传因素呢?"没有等周师傅追问,我回答说。

"对,遗传因素,也就是基因。我们领导也想到了这个,那怎么去研究这个呢?"郭师傅又问起了问题……郭师傅接着说:"研究基因,要用双胞胎,看看双胞胎里食道癌发病有没有区别。这可不好做啊,你不能只调查一对双胞胎,那不够,要很多对双胞胎才行。双胞胎难找啊,而且这个食道癌一般是45岁后才发病的,你想想,得调查多少人家。"

"那结果呢?"我迫切地想知道这个双胞胎调查研究的结果。

"不一样,双胞胎发病不一样。基因一样的双胞胎,一个得病,一个不得病。你说,这说明什么?"郭师傅公布了结果,也提出了问题。

"也就是说,对这个地方的食道癌来说,基因因素也不重要。"我说。

"是啊!双胞胎有一样的基因,要是基因重要的话,那么双胞胎要么一起得病,或一起不得病啊。"郭师傅总结的时候,提高了声音。

"那你们领导研究了这么多年,没有找到一个导致食道癌在林县高发的原因?"我问。

"他找到了，至少找到了一个，所以我才会觉得研究这个有趣。"

郭师傅的回答让我意外，急忙问："哦，那这个因素是什么呢?"

"你听我说啊，你知道一种叫牙龈皮革细菌 [牙龈卟啉单胞菌] 的微生物么?"郭师傅问。

"我不知道。"我老实地回答。

"那个细菌的名字可能我也说得不对，只是按发音来说的，也没有见过写在纸上是什么样子，但肯定是跟牙龈有关系的。我们领导一般叫这个细菌叫PG，应该是两个英文单词的缩写。"

尽管已经知道郭师傅了解了不少关于这个病的知识，但当他提到PG并说是两个英文单词的缩写的时候，我还是感到很惊讶。

"这个PG啊，就和食道癌有关，而且它就是导致食道癌的一个因素。"郭师傅接着说。

"凭什么下这个结论呢?"说出这句话的时候，我发现自己有些像在听学术报告时提问。

"你听我说啊，我们领导研究了那么多年，怎么都找不出导致林县食道癌高发的原因。后来他想啊想，想啊想，最后他怀疑跟这个 PG 细菌有关。"

我没有说话，意思是"然后呢"。

"后来我们领导去林县作调查，用棉签从人口腔里取标本，然后看看有没有这个细菌。你猜怎么着，那些有食道癌患者的家庭里，75% 有这种 PG 细菌。"郭师傅说。

"那你领导应该还调查了没有食道癌的家庭，看看这些家庭里 PG 细菌的情况，是不是比有食道癌的家庭低。"我说。

"是啊，调查了，结果就是低，这些没有食道癌的家庭里，PG 细菌阳性只有不到 20%。你说，这个 PG 细菌是不是和食道癌有关系。"郭师傅说。

"看上去是有点关系，但这也不说明 PG 细菌就导致食管癌啊。"我说。

就在我说这句话的时候，少林寺的路牌被抛在了身后。

"你再听我说，这的确还不能说明 PG 导致了食管癌，还得继续做实验证明。我们领导把这个细菌从人口腔里分离出来培养，然后接种到老鼠身上去。这个说起来容易，做起来可不简单了。PG 细菌是厌氧菌，可能一见氧气就会死，不是拿出来放到那个箱里就能长好的。要试验好多次才能找到合适这个 PG 细菌的生长条件。等长好了，才可以接种到老鼠身上。"

"然后呢？"我有些急不可待地问。

"然后，然后这些老鼠就得了食道癌了啊。"郭师傅说。

"啊！"我感到有些惊讶，同时也松了一口气。

"你说这个结果是不是可以说 PG 细菌是导致食道癌的因素了，可以了吧！而且，还没有完呢，我们领导还进一步又做了试验。他把这些老鼠食道癌的标本染色，然后在细胞里发现了 PG 细菌。"郭师傅有些自豪地说。

"的确是一个有意义的发现。那你们领导发表这些结果了吗？"

"发表了一部分结果，具体哪部分我不知道。发的杂志分不高，但很受关注。而且，去年在厦门开的关于癌症的国际会议上，我们领导也去了，在那里做了关于这个 PG 细菌和食道癌的报告。这个报告发表在一个著名的国际杂志上，那个什么杂志来着，国际上很有名的，33 分。对了，好像是《柳叶刀》。"郭师傅说。

"其实不管文章发在哪里，这个研究发现都很有意义，因为能帮助当地人降低食道癌［案：准确讲是食道癌的患病几率］。"我说。

"对，就是，因为这个发现，政府就鼓励当地人勤刷牙，也鼓励人去洗牙。刷牙没有问题，但洗牙不行，洗一次要百十块钱呢。"说到这里，郭师傅叹了口气。

"郭师傅，您的知识真让我意外。您上过高中吗？"我问。

……［郭师傅上完小学碰上"文革"，复课后算是上过初中，之后参军五年］……

"那您就初中毕业，为什么能把这个癌症的研究讲得这样好呢？这真是神奇的一件事情。"我带着疑问地说。

"唉，哪里有什么神奇。我就是跟领导一起多了，这个科学家啊，就是有一种特殊的气场，他把他研究的东西慢慢讲给人听，讲得连我也听得懂。不仅听懂了，还被吸引了。你想啊，林县食管癌那么高发，谁都想知道为什么啊，包括我。就这样，我觉得这个研究挺有意思，一步一步就知道这么多了。"郭师傅平淡地说。

"要说神奇，还是科学神奇，科学家神奇。"郭师傅又补充了一句。

"除了这个林县的食管癌研究，还有让您觉得有意思的科学研究么？"我问。

"这个，有啊，比如他们做的对食管癌治疗的研究。他们比较手术疗法和放疗化疗同步疗法的效果。他们把食管癌病人分成两组，一组接受手术，另一组接受放疗化疗同步疗法……"

这时候我的脑海里浮现出那个著名的"爱因斯坦和他的司机"的故事："司机开车载着爱因斯坦到各地做关于相对论的报告。有一天爱因斯坦生病了，司机主动对爱因斯坦说他可以试着替代做这个报告，让爱因斯坦冒充司机坐在台下。这个司机还真的把这个报告做下来了，而且台下的人没有看出破绽。等到了提问环节，有一个听众问了一个很难的问题。站在台上的司机这么说：这个问题太简单了，我坐在台下的司机都可以回答。"

眼前的郭师傅让我想起爱因斯坦的司机。这两个故事主要的不同是：爱因斯坦和他司机的故事很可能是虚构的，而我眼前的郭师傅是真实的。

"前面是新郑服务区，马上就到机场了……"

全文文字平实，句子通顺，研究过程写得清清

楚楚，逻辑连贯，是一篇难得的科普佳作，可作为学写记叙文的范文。更可贵的是，文中没有陶情抒怀，文末没有鸡汤感悟。把事情说清楚了，读者自然知道这是一件造福于当地居民的科学大贡献。不是说作者不能抒情感悟，而是先学会平实描记，此后才能靠谱地推理、联想。

6.2.4　描记为说理和想象打底

描记文不能也不需要以情传感、以悟拔高，那么，是不是写描记文就是白描写生，不要上升到立意、含义等理论意义层面？

不，平实描述是为三项进一步的写作打基础的。

第一，平实描述是写说理文的基础。说理文就是基于平实描述的事实进行推理、论证，说出客观道理的。缺了这个平实基础，就只能写感悟文、议论文，或旧时的策论。议论文主要基于个人经验，基于随机看到的个例，抒发带有个人感情的议论（例见 §6.3.2）。悟文是基于个人所见、个人经历、个人感受，写出的个人感悟。

第二，平实描述为理论工作，包括评估已有理论和构筑新理论打下经验基础，以增补已有的知识系统，或创造新知识。

以上两步可以看作同一个说理工作的初级版和进阶版。

第三，平实描述为想象搭台——这有点出乎意料。想象力一般被认为是文学家的专利，是美文的特征。其实不然，科学家的想象力超越文学家，常文训练为想象力垫高起点（详§6.5）。

6.3 议论文的问题

"议论文"这个词本身问题就很大。

6.3.1 高考议论文的问题

以下是2017年高考语文北京卷写作题之一，是一个议论文考题：

1. 说纽带

纽带是能够起联系作用的人或事。人心需要纽带凝聚，力量需要纽带汇集。当今时代，经济全球化的发展、文化的发展、历史的传承、社会的安宁、校园的和谐都需要纽带。

请以"说纽带"为题，写一篇议论文。

要求：观点明确，论据充分，论证合理。

考题中"观点明确，论据充分，论证合理"这些要求没错，问题是操作性，怎么才能做到论证合理？这是关键。如果不明白是要按客判思维（critical thinking，详§6.4）来写说理文、论证文，那就一定会写成感悟式、思辨性的议论、策论。"说纽带"这个考题，看它文辞，像是修辞优美的情悟文；看它的内容，漫无边际，这使考生很难写好说理文，反而容易写出感悟性议论，或议论性悟文。

如2017年高考语文全国II卷写作题：从6个名句中选2~3个，自行立意，确定文体，自拟题目：

　　　a）天行健，君子以自强不息（《周易》）

　　　b）露从今夜白，月是故乡明（杜甫）……

如果选b句，大概率会写成文学评论。选a句的话，可能就是旧时科举的"代圣人立言"。

6.3.2　成人议论文：失败的语文课

由于语文教育以情悟文写作为主，即使议论文也写成以势取胜的策论或以情煽动的情悟文，所以进入社会后要写政论史论时论，气势够磅礴，激情够感人，但由于主谓语逻训练不足，轻则以辞害义，重则逻辑矛盾。比如下面这篇阅读量很高的文章：

　　　中国的地主为什么遭受到了灭顶之灾？源于农民革命！从有地主和农民的那一天起，就有<u>农民革命</u>。陈胜吴广是<u>农民暴动</u>，李自成是<u>农民"起</u>

义"……为什么中国封建社会［出现］一次次周期性的"农民起义"？政治家们和理论家们普遍误读了这种现象。

上面这短短 100 来字的评论，每句话都有问题。第一，概念不清。"农民革命""农民暴动""农民起义"三个名词，是同一个概念还是不同概念，得加以说明。写说理文概念一定要清楚，也就是要有逻辑定义。第二，指代混乱。如果学过英语主谓语法就该明白，汉语没有冠词，无法判断首句一问一答里的"农民革命"是可数名词还是不可数名词；如果是可数名词，是单数还是复数；如果是单数，是不定指还是定指。次句"从有地主和农民的那一天起，就有农民革命"，显然是一次又一次的复数农民革命（顺便说一下，农民革命不是从"那一天"起就有了，是从陈胜吴广起才有的）。但首句显然跟次句不一样，不是复数"农民革命"，也不是泛指。第三，"周期性"一词用来修饰"王朝兴衰"并不科学①，与"农民

---

① 历史学里有"周期性王朝兴替"观点，这只是文人式的粗略说法。从秦朝算起，秦、西晋、隋、元、民国五个朝代都只有几十年，北宋一百六十多年，也不算多，且内忧外患。西汉、东汉各两百年左右，唐明清各近三百年，统一王朝大体上有"准周期性"的也就这么三五个，不符合的有六个。另外，还穿插着三国、五胡十六国、南北朝、五代十国、辽金南宋众多分裂年代，中国历史的王朝兴替，准确来讲画不出标准的周期性正弦波。

起义"更毫不相干。

缺乏平而实的事实描述，就缺了事实基础来写说理文，只能基于随机个例写充满个人感受的澎湃的议论文。这是大部分人喜欢的写作套路，文学性强，激情澎湃生动有力，感性思维弥漫。说理文写成这样却是主谓语逻教学不够的结果。

6.3.3 议论法：避免汉语自然逻辑推演法

中学作文中有一种议论文，训练学生如何议论或论证。让我们来看个例子（图6），这是2000年重庆市普通高中招生统一考试语文试卷中的一道阅读理解题，要求考生从一篇议论文中判断出作者从四种"议论法"中采用了哪两种：举例论证、道理论证、比喻论证、对比论证。我把这些非逻辑的"论证法"叫作"议论文的议论法"。

---

12. 对乙文主要采用的论证方法判断正确的一项是（　）(2分)
　　A. 举例论证　道理论证　　　　B. 举例论证　对比论证
　　C. 比喻论证　道理论证　　　　D. 对比论证　道理论证

图6　2000年重庆中考考卷中关于"四大论证方法"的试题

所谓的四大议论法的定型有个发展过程。20世纪70年代的教材中有归纳法和演绎法，还有类比法、引申法、对比法、反证法、分层论证法。1984年人教版高中语文课本里有八种论证法：例证法、引证法、因果论证、正反对比论证、比喻论证、分层论证、引申论证、类比论证。上述四种议论法雏形见于 1984 年山西人民出版社的《语文辅导》，到 1994 年，北京学苑出版社的教辅读物《初中语文常用阅读法指南》正式要求学生掌握这四大议论法。"此后长达约 20 年的时间里，'四大论证方法'成了全国初中生必须掌握的语文常识。"① 谌文从逻辑角度分析：举例论证犯了以偏概全的错误，道理论证犯了"诉诸权威"的逻辑错误，对比论证只提供某种"或然性"，比喻论证"不具备逻辑上的'论证'功能"，"是修辞手段，不是论证方法"。"'四大论证方法'，在语文教科书中存在了数十年，极大地塑造了他们的思维模式，塑造了他们写作和言说的逻辑。"

　　谌先生批评四大议论法不符合形式逻辑，我很同意。不过，从汉语自然逻辑角度来看，这四种议论法是天然存在于汉语逻辑中的。举例论证是由小见大的外推法，道理论证是由大到小的内推法，比喻论证是旁推法——以上三种都属于同构推演法。对比论证是对比推演法。四大议

---

① 谌旭彬. 语文教材里的"四大论证方法"逻辑混乱，是有害的［EB/OL］//"逻辑学"微信公众号 2018－09－19. https：//mp. weixin. qq. com/s/ig8HZnt09qxczHbFQ3_nMw.

论法本身就是汉语自然逻辑的同构/对比思维模式的具体表现，所以，不是四大议论法塑造了学生的"思维模式"和表达"逻辑"，它们是强化了学生固有的同构和对比思维模式。而形塑或塑造这同构和对比思维模式的，是汉语的同构和对比语法原理。

6.4 论证只有一种方法：客判思维

论证只有一种方法，就是运用逻辑和实证的论证。"论证"析而言之包括逻辑的论和实证的证，这也是运用客判思维（critical thinking）的认知过程。

6.4.1 以往的理解和翻译

critical thinking 以往有多种理解和翻译，都是从 critical 的词典义中直译过来的。critical 的最常见的义项是"批评"。

1）Expressing adverse or disapproving comments or judgements（*Concise Oxford English Dictionary*，12th edition，2011）[表达负面或不同意见的，即批评批判]

critical thinking 最流行的译法"批判性思维"，就是按"批评批判"的义项翻译的。"批判"这个翻译有贬义性的引申义，让人想起"革命大批判""批判愚昧落后"等，用词激烈、夸张，甚至凶狠，内涵已经不是质疑，而是反对、批斗。

很多人以为 critical thinking 就是质疑和挑战。不是的。critical thinking 不是一味地批判质疑，而是该质疑时质疑，该支持就支持。假定你对某观点进行客观评判，使用已有的或自己搜集的证据，经过逻辑论证，发现此观点有问题，那就挑战它，但如果你证明此观点站得住脚，那就不该质疑，而是支持它，哪怕你不喜欢这观点——这就是有逻辑推理的、有实证检验的客观评判的思维，而不是单单批判性、批评性、质疑性、挑战性，表达负面意见的思维。所以"批判性思维"这个译法是错的，有误导性。

critical thinking 最近有个改进的译法"审辨性思维"。这大概出自 critical 的另一个义项：

2）Providing a careful judgment of the good and bad qualities of something. (*Longman Dictionary of Contemporary English*, New Edition, 1987)［对某事物的优缺点进行审慎评判的］

这是一种审慎的评估和判断，是缺点就说缺点，有优点就说优点，含有进行公正合理判断的意思，而不是一味地批判挑战。但其引申联想义也稍有不妥："辨"是

"思辨"之义，而"思辨"常用于"禅思式""辩证式""中国哲学式""中国传统式"思维。所以"审辨性思维"和另一个类似中译"思辨性思维"都不合适。这些思辨什么都不缺，就缺客观、公正、合理。客观就是要把天人分离、物我分离，公正就是不带偏见不帮亲，合理是合乎理性、合乎逻辑。我们的合理通常是基于合情，而不是逻辑上合理。合逻辑的理性会让我们不舒服，常被认为"冷冰冰、不人性化、没有人情味"，所以还有人认为客判思维不能无视"人文关怀"。人文关怀如果作为一个待证明的观点，当然不能无视，但如果想在逻辑推理和实证检验过程中插进来，那就是搅局。

6.4.2 客判：critical 的新义项

客判思维是"客观评判思维"的缩写，是 critical thinking 音兼意的译名。最近十几年来它在很多大学里受到重视，但遗憾的是，它到底什么意思，依然困惑众人。上面从词典义来解读，一方面会有不必要的引申义，另一方面可能遗漏部分内涵。新的理解"客观评判思维"，从字面上看，是两个词合成一个词组，这就像两个语素组合成词，常有 1+1 大于 2 的情况。比如"白菜"有的地方是浅黄色的，有的地方是绿色的，不能从"白"推出

"白菜"的颜色。以前中文翻译的误解可以理解，因为英文原义就有个演变过程。从实质来看，批判质疑的本质是破坏性的，学术需要的是建设性的客判思维。

critical 有个新义，据 Oxford 线上 Living English 词典（en. oxforddictionaries. com）的第 2. 2 义项：

3) Involving the objective analysis and evaluation of an issue in order to form a judgement. ［对某事物进行客观的分析和评估以作出判断的］

例句：Professors often find it difficult to encourage critical thinking amongst their students. ［教授们发现很难激起学生进行客判思维］

critical 的这个新义项"客观评判"（客判），是反向从 critical thinking 而来的。它的例子就是用的"critical thinking"。"客观评判"可以这么理解：评判指用逻辑推理来进行判断，客观指用实证检验。这是科研活动三步骤"假设-演绎-检验"中的后两步，所以学生进行的客判思维训练，就是常规科学家论或证某个假说的研究过程的练习版。

6. 4. 3　定义方式与思维方式

上面是从词典义和科研步骤来理解 critical thinking 是或不是什么。从内涵义来看，critical thinking 的几个较具代表性的"定义"，依然不能令人满意：

1）reflective thought. ［反思］约翰·杜威

2）the thinking of thinking. ［是对思维之思维］理查德·保罗

3）批判性思维就是把知识的表象和本质区分开来的能力。（17–02–14 网文）

如上理解 critical thinking，不得要领，因为这些都不是揭示本质的逻辑定义。定义有感性、描述、逻辑三种方式①。杜威和保罗说的都属于比拟式的感性定义。第三个定义属于列举特征的描述性定义，但很笼统，还没说清它在"思维"内部处于什么地位，就跳到一个更泛的"能力"范畴，走路、画画都是能力，批判性思维显然不是要跟这些能力去比。

要揭示客判思维或任何其他事物的本质需要逻辑定义，先建立一个关于思维方式的逻辑分类系统，然后找到客判思维的地位，简单讲就是属+种差，即指出他的上位属概念，并确定他和同属其他思维方式之间的差别。我建立了一个七种思维分类系统②，前四种是非语言性思维，后三种是语言性思维。第 5 种是非逻辑自然语言思维方

————

①② 朱晓农. 语音答问 ［M］. 上海：学林出版社，2018.

式，第 6 种是合乎逻辑的自然语言思维方式，第 7 种是人工语言思维方式。第 6 和第 7 种是逻辑性的理性思维方式。客判思维不在这七种思维方式中，它是一种综合性的思维方式，与理性思维有关，还加入了别的因素，详下。

6.4.4　理性思维的四小类

理性思维即广义的逻辑思维方式。理性思维自成一个思维方式系统，其核心是逻辑推理。这个思维系统落实到具体操作，是涉及包含假设—演绎—检验三步骤的科研活动。把假设、演绎、检验这三项当作理性思维的三个区别特征可构成如下理性思维方式矩阵，其中逻辑推理是必选项，另两个是可选项。然后加以不同排列，由此定义四种理性思维方式。

表 2　客判思维在理性思维分类系统中

		符合齐一性的假设	逻辑推理	实证检验
1	演绎/狭义逻辑思维	−	+	−
2	客判思维	−	+	+
3	形式（科学）思维	+	+	−
4	（经验）科学思维	+	+	+

演绎逻辑推理，即狭义逻辑思维。客判思维是逻辑论证加实证检验。形式（科学）思维是假说加演绎推理，如逻辑、数学、程序语言。（经验）科学思维是假设-演绎-检验三步完备的思维过程。现在可以给出一个关于客判思维的严格的内涵定义了：

> 客判思维是用且仅用演绎推理和实证检验的理性思维方式。

客判思维的具体工作方式即科学研究的后两步，客判思维的运用就是对假设进行逻辑和实证评估。学生参与科研训练，相关假设大多是由老师或书上给出的既定观点，学生的工作就是进行后两步逻辑论证和实证检验。如果学生自己提出假设，再进行客判思维过程，那就等同于（经验）科学思维过程了。所以，常文训练可以帮助理工科学生做研究。

6.5 想象力：夯实基础的事实和垫高起点的推理

想象力对作文有两大作用。第一，对于美文来说，想象力为作品提供生命力。第二，对于常文来说，它相当于科研工作的第一步：提出假设。

6.5.1 艺术的启示：想象力起飞于照实写生

传统绘画自诩不追求形似，而追求神似，这话说得没道理。没有写生功夫的形似作为基础，神似不过就是"雷公太极"一样的自我想象自我陶醉。很多人都觉得毕加索（1881—1973）的立体派画法光怪陆离（图7）。这种怪是建立在他从小就精习的素描写生基本功上的。图8前两幅写生是毕加索十二三岁时的习作。少年毕加索可以

图7　毕加索立体派画作
梦（1927）（左）　　格丹尼克（1937）（右）

图8　人体写生（12/13岁）（左、中）
科学与慈善（15岁）（右）

画到乱真。图8最右是他15岁时画的一幅写实作品《科学与慈善》，获全省美术展金像奖，得到一致好评。他自己说："我14岁就能画得像拉斐尔一样好，之后我用一生去学习像小孩子那样画画。"毕加索是在自己逼真形似的基础上添加童趣想象和神似的。

艺术家天马行空的想象力需要建立在坚实的写生功底上，神似不是飘渺玄虚，它以形似作为经验基础，否则就是鬼似了。

6.5.2 科幻和侦探：想象力起飞于逻辑推理

有个令人困惑的问题：为什么西方流行科幻小说，我们的作家只擅长修仙玄幻体；为什么西方和日本流行推理侦探小说，我们的作家写着写着就成了滴血认亲托梦审案？有个很著名的作家前些年宣布要写科幻，但不到一年又宣布改写玄幻。从文学题材来说无所谓优劣，而中国读者同样喜欢看国外科幻、推理小说，所以问题在于是什么导致我们的作家对科幻、侦探小说有隔阂感[①]？这跟中国作家对科学和逻辑有隔阂是一个来源：适宜于表达同构/对比律的汉语话议句式，与科幻和推理小说所基于的逻辑

---

① 近年来科幻出了大手笔，我们期待更多讲究逻辑的科幻作家和推理作家的出现。

有违和隔阂感。阿西莫夫和儒勒·凡尔纳，福尔摩斯和阿加莎·克里斯蒂，我们在叹服他们惊人的想象力和无比巧妙的构思之余，是不是得承认这一切都是基于逻辑推理。

6.5.3 科学的启示：想象力起飞于逻辑和实证

一般来说，同构思维有益于想象力，有利于提出科学假设。不过这是指在逻辑思维的基础上，同构思维有利于想象和假说。如果缺乏逻辑思维而仅仅用同构思维，那么想象力是很贫乏的。例如何祚庥批评中国式"整体思维"时说：中国式"整体思维"者根本无法想象，现代物理学从那么小的夸克到 130 亿光年的宇宙，可以用统一的理论来解释。

中国文学史上最伟大也最富想象力的诗人（之一）屈原，在《天问》中展示他的超级想象力：

八柱何当，东南何亏？

九天之际，安放安属？①

他所想象的宇宙，惊世骇俗而让人目瞪口呆，但比起黑洞、虫洞、弦振、十一维空间、平行宇宙，嘿，借用

---

① 译文：地昂八柱何擎苍天，沉陷大陆何倾东南？天高九重何为涯际，安于何处连向何方？

我《虚实谈》里所说的意思：诗人想象力跌落之处，正是科学家想象起飞之地。

具有逻辑头脑的科学家，想象力远远超出无逻辑头脑的想当然者，后者的终点最高点，是前者的起点最低点。结论是如此之残酷，对非逻辑思维者来说，这又是想象力够不到的。

6.5.4　写实和推理：高质想象力的基础

艺术和科学告诉我们，有质量的想象力不是玄妙虚幻的灵机一动，不是眉头一皱的计上心来，不是拍拍脑袋的"飞来横想"，不是抒情感悟来的，而是踏踏实实从认识真相的事实描述出发，加以逻辑推理得到的，否则想象力走不远或会走偏斜。即使那些情节非常奇妙的构思，也是建立在作者对生活的细微体察和推理上的。想象力从精确描述事实出发，依逻辑推理的路向前行。推理未穷，想象不止。甚至推理的尽头，依然有想象的余地。所以，会逻辑推理也会以想象提假说的科学家，比起不会逻辑推理的文艺家，想象起来更幽深、更辽远、更宏阔（当然精通逻辑的文学艺术家的想象力，跟杰出科学家相当）。

王小波有一段话谈想象力和理论思考能力，可为本章所论做注脚：

> 我承认自己很佩服法拉第，因为给我两个线圈一根铁棍子，让我去发现电磁感应，我是发现不出来的。牛顿、莱布尼兹，特别是爱因斯坦，你都不能不佩服，因为人家想出的东西完全在你的能力之外。这些人有一种惊世骇俗的思索能力，为孔孟所无。（《我看国学》）

用平实的语言描述客观事实，用逻辑构建理论进行推导，在这基础上可以想象到 130 亿光年外，这是只会感悟顿悟（哪怕巧思如潮）的学生无法想象的。其实，生活比能悟到的更复杂，世界比能巧思到的更奇特。观察并如实描述构筑了想象力起跳台，这高于绝大多数情悟文作者可劲儿蹦跳的最高点。

再奇妙的想象力也是要靠语言来表达的。在语言的边界，文学家靠比喻来模拟，哲学家对不可言说之物保持沉默（例如：维特根斯坦），而科学家则发明人工语言（例如：逻辑、数学、电脑程序）推进语言和认知的边界，高阶写实，也扩大了想象的天地。

以上所论不包括个别天才，天才总在常论之外。目前对于想象力的研究还很缺乏，对玄幻小说中的某些玄妙想象，其来源和产生机制还不得而知。

6.6 想象力和客判思维：写作与科研的相关性

从以上论述，可以看到作文训练和科研训练之间存在平行关系。

科学研究包括三个步骤：提出假设、逻辑论证、实证检验。大体来说，悟文相当于第一步科学假设，说理文相当于第二步逻辑论证，描记文相当于第三步实证检验（包括观察记录分析材料或数据）。

科研训练应主要在后两步逻辑论证和实证检验上，作文则应主要训练写说理文和描记文。科研提假设不是常规教学的一部分；同样，写美文当作家不是写作训练的常规目标。这是因为：

1) 逻辑推理能力是无法天然获得的，中国历史上没有出现过天然获得演绎推理能力的人。因而，所谓有步骤的科学训练，教学的最大重点，甚至可以说教育的主要责任，就是引导学生学习证明的方法，熟悉证明的途径，培养学生运用逻辑来论证的能力，培养学生寻找材料来进行检验的能力，也就是客判思维能力。

2) 第一步提假设、想点子，体现的是一种鉴赏力、创造力。这一步迄今我们还不知道该如何设计课程来教学生，最多只能是熏陶和激励，学生只能自学，靠自己悟。提假设是一种在齐一性原理指导下心灵的随机探索，这跟写悟文原则上是一回事，两者就差个普遍性限定，即有没有规则。其实有规则的比赛更有利于提高，比较拳击和传统武术就知道。大科学家们个个都是大彻大悟的段子手。比如爱因斯坦，他提出的科学假设，其想象力之幽远玄妙，可说是无与伦比。而他说的那些顿悟式妙语警句，比萧伯纳、丘吉尔、马克·吐温一点不差，下面摘几句流传甚广的爱因斯坦说过的话：

想象力比知识更重要 | 自从数学家入侵了相对论以来，我本人就再也不能理解相对论了 | 我不知第三次世界大战会用什么武器，不过第四次世界大战将会用棍棒石块来作战 | 宇宙的永恒之迷在于其可理解性，宇宙能被理解是个奇迹。| 没有宗教的科学是瘸子，没有科学的宗教是瞎子

理工男想有出奇的科学假说，文化人想写出通达的悟文，除了本人天赋，与环境也有关：一是碰到好的教育：从小不但不打击反而还鼓励好奇心，那么受教者将来的假设能力和想象力一定高于平均水平。另一是碰到某种点化：或有大师熏陶，或碰到绝佳博雅课程，人情练达皆悟文。写悟文和提科学假说一样，是一种非常个性化的创

造活动，无法用流水线的常规教育来教学。它靠的是一种"悟性"，这是教育学、心理学、脑科学目前所知甚少的。有条件的学校可以办美文培训班，请文学家、艺术家进行美育熏陶。

科研培训把逻辑和实证作为常规教育，把假设留给熏陶和博雅教育。同样，语文教育也应该把说理文和描记文作为常规写作课程，把美文留给广泛阅读、通达熏陶、热血激励。

6.7　写作小结

关于写作或作文有几点需要强调。

1) 中学作文训练的一般要求应该和大学论文写作相衔接。最起码的门槛标准是帮助大部分人学会应用文，能写合格的便条、通知、启事、说明书，能平实写信告诉亲友相关情况以及希望他们做的事情。

2) 常文写作需遵照"平实""合理"两大准则：进行符合事实和逻辑的平易描述。

3) "文笔生动"对中小学生学写常文来说，美则美矣，用则有限。写作要先打好平实合理的基础，然后再考虑生动，否则容易以辞害意。

4)"立意新颖"是建立在常识、共同的道德情怀、"平实合理"的想象力之上的真的观念创新。不要为出新意而出新意，否则就会引向三条歧路：

a. 不在意说什么（内容），而在意怎么说（形式/修辞）。

b. 只赞赏表达上的新比喻新联想，而不是思想观念上的创新，即不是真正的"立意"，而只是"联想义"。

c. 以对比推演法着眼于人无我有，出奇制胜的新意往往会反常识、反逻辑，不但干扰常文训练，对情悟文、议论评论文、文学作品都会产生负面影响，只要看看那么多无厘头神剧就能明白。

5)情悟文和议论文都继承了文以载道的传统，以悟立意领先。但先要说清一点：常文训练是技术性的、中性的语文和思维训练，像写生一样。先掌握中性的技术活，再去情悟甚至代圣人立言，会更出色。

6)本书虽然只谈常文写作训练，但并不是说美文可以忽略。美文是语文课阅读的重点，又有社会需求，是学生获取价值标准的主要来源之一，所以是语文训练的必要之一。但不要为美文而费力情悟，这会造成文风缺陷：浮华滥情赚人泪点，刻意拔高故弄玄虚。治这病的药就是平实合理。

7）美文是文学创作所必需，但作文不能以此为重，更别据此来设定语文教育的感性方向。咱们的文化已经够缺乏理性了，情悟文起到的作用就像抚慰小心肝的安神片，激励三分钟热度的兴奋剂，娓娓动听哄孩子的甜心话。

8）想象力对于科学跟对于文学同样重要，语文课应该担当起想象力训练的任务。不过要注意的是，想象力训练不是靠情悟，而是在"平实合理"这一高层平台上的思维跳跃。

第 7 章

写作训练

常文训练需围绕达意要求来进行。训练方式或招数可以多种多样，下面介绍的"五招制胜法"是一种有可操作性的大学论文和中学常文写作的训练方法，由简着手、行之有效。

7.1 写作训练第一招：缩写

缩写就是笔头概括。常文，尤其学期论文写作的起步是缩写，读完一篇文章，缩写它的要点。缩写就是训练概括、学会总结。很多学生的学期论文写得不理想，首先是缺少缩写的基本训练，所以论文里的"文献回顾"写不好。据我的教学经验，真正能抓住要点，文笔通顺写好文献回顾的，一半都不到。

缩写训练可以连环进行：

1）选一篇数千到上万字的文献（下面称之为对象文），最好是常文，缩写为一页，1 000 字左右。

2）进一步缩写为两三百字的提要。

3）提炼出六七个关键词，20 字上下。

4）再用两三句话说清对象文的中心思想或要点。

提要和关键词是大学生每篇论文都需要的。提要根据具体情况（文章长度、刊物格式、课堂布置等）可长可短，篇幅大约两三百字。关键词则相当于最精练的文章内容，一般六七个词，合计 20 字左右，按对论文发现的重要性排序。要点在于关键词需跟提要相配，也就是说，关键词都要出现在提要中。用小学作文要求来说就是：把关键词串起来造句，就成为提要——这是写提要的"至尊招数"。

还有一点经验，我不是全文定稿后再缩写提要，而是最初几稿就开始写了，每改两三稿都会看看提要是否要改。在修改文稿过程中不断修改提要，相当于在写作过程中不断提炼自己的观点，这实际上是一个不断拷问、检验自己心爱的观点的过程，是帮助修改的好手段。

文章标题是全文最精练的缩写。理想的标题是重点突出，把全文的主旨或最重要的观点概括为画龙点睛的一句话，即所谓"文眼"。有几种需要改进或戒绝的极端现象。一是网上风行的"标题党"，那属于假冒伪劣，是最恶劣的文风之一。二是犯施受不清的毛病，如《离开雷锋的日子》《致命中国》（见 L14），这看来还是个常见病。三是有些平淡到过目即忘或不知所云的标题，如"关于某某学的几个问题"等。

不要小看缩写，缩写训练的第一功能是培养概括能力，概括和归纳是学生论文中最重要的一环。

7.2 写作训练第二招：挑错

仔细阅读对象文，如果需要就反复读，尽全力从以下几方面挑它的毛病：

1）用词是否合适。

2）造句是否通顺，是否可理解，是否"明白"。

3）意思是否表达清楚，是否符合平实准则。

4）观点是否"有理"，是否符合合理准则。所谓"有理"，一是看支持的事实是否对，这是例证或论据问题；二是看从例证到观点是否符合逻辑。

5）如果文中观点"有理"，你是否同意。如果不同意，进行论证说明。

6）如果反驳观点时所举的反例和对象文中的例子都存在，怎么协调观点以解释不同的例子。协调观点，需要进一步的方法，即社会学的统计方法。在绝大部分场合，中学议论文和大学文科论文中使用的"例证法"的作用有限，它只能起进一步思考的先导作用。单单用例证法写的是情悟性、传感性的议论文，而不是符合逻辑或具有统计学意义的说理论证文。

举个挑错的例子。上一章（§6.1.2）讲悟文时有一篇采薇老师的范文：

> 素材：上海南京路上行乞的老人。

> 主旨：每个人都是一个世界，不为人触碰。

这个主旨有两句话，"每个人都是一个世界"，这没问题，每个人都是独特的。但"不为人触碰"，就可以追问一下为什么？人的性格各不相同，有人很内向，心扉从不向人敞开，人家想要去了解他或"触碰"他，他一概抵制。但有的人生性开朗，你不去触碰他，他都亮相给你看。所以，"不为人触碰"是什么意思，在读正文之前就可以留个心眼。

读完正文，更想挑错了。采薇老师有极大的好奇心和极宽广的胸怀，"总是试图去触摸感受"所见到的事物，不管是光明还是黑暗，也不管是温暖还是寒冷。但是，她突然感受不到那个老乞丐的内心，她说："每个人都是一个世界，无法参与，只能关注。"无法参与，是的；但关注是纯粹第三方的上帝之眼或新闻镜头吗？关注就不能触摸感受吗？是老乞丐内心太深奥，关注了也无法触摸感受到？还是老乞丐竟然对大家都关注的萨克斯听而不闻，从而无法去触摸感受？

也许我这样理解误读了采薇老师，但这没关系，作品，尤其好作品有她自己独立于作者的生命力，读者可以从自己的角度、以自己的能力和经历来解读作品的含义，哪怕不是作者最初的原意——说不定作者自己没想到呢。

很多同学怕挑错反而自己挑错了。别怕，这是练习，是你将来正式工作前的演习。你总不见得在学校里藏拙，将来反而到社会上去露怯。该犯的错在学生时代先犯了，这对得起学费，也对得起老师的苦口婆心。

挑错是一步关键性的招数，如果这一步跨不出去，理性习得等于零，下面的三步（综述、修改、学写）都无法进行。所以要停留在这一步上反复练习，直到自己有心得。这一步实际上也是"悟"，不过不是美文中的悟，而是常文中基于事实、逻辑、联想（这是很重要的一点），再加一点运气，这样综合的悟。这一步能跨出，那么不但下面三步能走得顺畅，而且也训练了创造能力，因为学会了站在前人肩头看得更远的能力。

也许"挑错"一词不准确，是"质疑""提问"，不但质疑作者，还向自己提问。一旦你这样去质疑提问，你马上发现自己会写文章了。在这反复挑剔的过程中，披沙沥金，自然会有好内容显露出来。所以，挑错挑错了也不怕，你在自问自答理清自己的思路，同样满满地有收获。

如果你上了"挑错-获新"的快速路，下一步我要泼你一瓢冷水了：把自己的新观点平等地当作挑错对象，痛下狠手质疑再质疑。这一点很重要，常常有新手挑错有了心得，就会把它当成宝贝百般维护。这一点一定要注意，要把双方观点放在同等的被挑剔的显微镜下。我不能保证你一定会有新发现，但我一定可以保证，你每获得10个新想法，最终会给淘汰掉9个，甚至，更多。

拔高了看，挑错—质疑—提问，就是在进行客判思维（critical thinking，详§6.4）训练，这是关于语文和逻辑的最好训练。

上文"挑错"的第4条涉及逻辑，这方面的错误，不但学生，连教授也很容易犯。看一个C教授的例子。有一个文科教授群里在讨论一个逻辑选择题：

> 孔子说：有德者必有言。若该命题成立，则据此可以推出：
>
> 1）无言者必无德。
>
> 2）无德者可有言。
>
> 3）有言者未必有德。
>
> 4）不存在"有德而无言者"。

正当群友们同意答案是（1）时，C教授出来反对说："对孔子原文理解有误！"于是群友请他赐教。

> C教授：凭什么可以从"有德者必有言"推出"无言者必无德"？
>
> 群友Q：根据逻辑规则推理的结果。

C 教授：同理："大学生有饭吃"，<u>根据你们的推理</u>，"不是大学生就没有饭吃"？

这位 C 教授把逻辑条件搞反了，根据群友的推理，从"大学生有饭吃"应该推出：没有饭吃的不是大学生。而推演出"不是大学生就没有饭吃"的，是根据 C 教授自己的道理。也不是他自己的，是中国逻辑的对比式推演：你说"X 如何如何"，他就对比反驳："非 X 就不如何如何吗？"要反驳"大学生都有饭吃"，应该找到没饭吃的大学生实例，而不是去找非大学生但有饭吃的人。

每当我看到某篇文章中推许某某学者"思辨能力很强"时，心头总是一咯噔：是不是又要顺着对比原理，像孟子那样不顾逻辑地思辨滔滔了？

7.3 写作训练后三招

7.3.1 第三招：修改

在 §4.5 中有一条"多加修改"（W16）的要求，那是修改自己的文章。本节讲的修改是接着上两招"缩写""挑错"之后，对对象文的修改。你既然看出问题所在，就可以考虑对原文来说如何修改为好。例如"挑错"第 4 条中检验例证合理性，如果发现对象文中的例子不合适，或有更贴切的例子，可以换一个。修改这一步做好了，也就为下一招"综述"打下了基础。

7.3.2　第四招：综述

综述不是简单的多篇缩写的叠加。"初阶综述"是把多篇缩写综合起来，相同点放一处，相异点放一处，分头总结。

"进阶综述"需要有自己的判断。在综述过程中，看自己是否受到启发，把心得体会写下来，包括同意之处、不同意之处、觉得可修补之处，以及各自的理由。也就是说，要把挑错和修改的功夫融合到综述中去。同样，不要怕挑错失误了。

7.3.3　第五招：学写

前面四步的练习是为了自己学写准备。综述在学期论文或学位论文中起到"文献回顾"的作用，这是每篇论文必须有的。你已经在缩写和初阶综述过程中总结了流行的一般观点，以及个别人的某些看法；又在挑错、修改和进阶综述过程中形成自己的大致想法，这时就可写出一篇论文的初步框架。

然后，很重要的一点是，如果有新材料（要是有新方法就更好了），那么就可以在初步框架中扩展或深入，从而推出并修正自己的观点。到了这一刻，祝贺你，你的大作可能已经达到可发表的程度了。

中学说理文是练习版大学论文，学写说理文也就是逻辑训练入门。

上述写作五部曲，是研究结果，也是自身经验。我在近40年前最早独立发表的两篇论文，都是写学期论文过程中挑错的结果。要注意的是，不能仅停留在挑错批评这个阶段。有些作者到老还是在写商榷、质疑一类"批判性思维"的文章，这是不够的。质疑的本质是破坏性的，学术需要的是建设性的"客判思维"（明白为什么不能译成"批判性思维"了吗？详§6.4）。这第五步自己"学写"是走向建设性的关键一步。<u>不立不破</u>，不提出正面意见，没论证出一个新观点，已有的旧观点哪怕再错也破不了，因为还没有替代品。破棚户拆掉，我赞成，但得有新楼房让人搬进去，否则露宿街头，还不如有个破棚子遮风挡雨。

7.4　学期论文的写作步骤

上面介绍了写作技能的训练方法，下面列出撰写学期论文的几个步骤：

1）阅读文献。

2）发现问题，并选其中某个作为论文课题。

3）搜集相关材料。

4）甄别材料的真伪（对错问题）、可靠性（程度问题）、权重（重要性不等）、适用度（有些材料收集费时费力甚至费钱，还有些看上去光彩夺目，但如果跟主题无关或相关度很低，要舍得壮士断腕），等等。

5）分门别类排比材料。

6）对每类材料加以概括（概括在中国学界大多写成"归纳"，其实两者有区别，归纳是在概括基础上对未知对象作预测）。

7）在概括基础上作出预期、预测（这是归纳原义）。

8）如果能在归纳基础上进一步推导，且加入新材料，那么，一篇佳作的内容已经初步具备。

7.5　期盼高考考常文

每年高考作文都是最热门的话题，原因无他，可争议的话题最多，可参与的门槛最低。

可争议处多是因为评价美文缺乏操作标准。可以投票选出最喜欢的、最欣赏的、最打动人心的，或心目中最好的，但没有具体标准衡量谁好谁坏，即所谓"文无第一"。因此，一篇作文，很多时候有老师说好，但也有人看不上，看在谁手里了。就算都说它好的老师，也可能评分差别很大。这对于学生来说，运气成分太大。一个典型的例子是2020年浙江省高考满分作文《生活在树上》，最初三位阅卷老师分别给分39、55、55，经作文阅卷小组审查后，作文得了满分（60分），流传至网上，更是褒贬不一。

本书对高考作文的看法很简单：第一，既然语文课和中文系都不以培养作家作为目标，那么美文训练和美文高考就没必要占主导地位。第二，既然常文训练对大学学习、日常生活、社会运作都最重要，高考作文就应以常文考试为主。第三，既然常文写作有训练程序，那么高考就可以以缩写和综述为主考作文；将来有条件了过渡到说理文为主。其实，高阶综述已包括作者自己的判断和见解，是初具形态的说理文。

高考考常文写作有两方面的好处。第一方面有利于高考：可以减少考前押题投机，猜中综述哪几篇文章的概率接近于零；可以考出阅读和写作能力，一二三四哪些要点抓住哪些漏掉，相同相异点归纳分类，得失评论，考生的判断和独创见解，都可以一分一分计算；可以把考后不必要的争议度降到最低。第二方面有利于实用：可以学以致用，日常写信、工作总结，有了成绩写经验体会，犯了错误写检查以及写其他应用文等，都会得心应手得多；可以衔接大学学习。中学的常文写作训练，对每年几百万进入大学要写学期论文的学生来说大有裨益，而大学老师也会因此而感谢中学语文课。

7.6　写作和阅读

不论中学语文课，还是大学中文系，都不以培养作家作为教学目标，就像音乐美术体育课不以培养音乐家画家运动健将为教学目标（不要听"不想当将军……"那种大头天话）——这是先决共识。语文课的目标是提高语文素质，增强逻辑能力。还要通过训练阅读能力和写作能力而获得或提高真善美的辨析能力（识真力、向善力、品美力）：

1）表达的平实、合理（识真力）。

2）阅读的习惯和能力（识真力、品美力）。

3）对词语的敏感性（识真力、品美力）。

4）对文学作品的鉴赏力和判断力（向善力、品美力）。

5）表达的生动性（品美力）。

这五项第 1 项和第 5 项涉及写作，第 2 项和第 4 项涉及阅读，第 3 项与阅读写作都有关。五项能力的排列始于表达，终于表达，中间主要以阅读帮助增强表达能力。即普遍的基本功是常文平实的表达能力，个体的进阶功夫是美文生动的表达能力。

表达平实合理放在首位，是因为从正面讲，精准清晰表达的能力包括了阅读能力和阅读判断力、词语敏感度、文学鉴赏力，甚至包括生动表达的能力。从负面说，如果表达不够平实合理，意味着<u>缺乏求实能力和逻辑能力</u>，那么，阅读价值会贬损甚至产生负价值，<u>读得越多就越像书呆子</u>；<u>表达越生动就越像巫婆神棍邪教主</u>。实际上，我很犹豫<u>现阶段</u>是否要把表达生动这一条很多老师和专家最在意的标准列入基本目标。

阅读与写作是语文课的两大教学内容。本书一直谈的是写作的技术性训练，其中有很多地方与阅读相关。不只写作提高需要广泛阅读好作品，就连初阶写作技术训练能否过关，一半也取决于阅读量是否足够。前文 P11 的词语搭配不当、P12 的语义语气缺乏照应，都是由<u>词语敏感度</u>不够引致，而想提高词语敏感度，首先是多读好作品。

第 8 章

最后的话

写到最后，想起"文起八代之衰"的韩愈。他离今天远是远点，但跟我们的作文之法依然息息相关。当年他面对的文风酷似今日：音韵铿锵，辞藻华丽，对偶风行，说理也是煽情感悟式的。韩愈一方面用散文取代奢华骈体，为论说文体奠定百世基础；另一方面留下"文以载道"的千古定式，直到今天，写任何东西都得先定下正确立意，要不语文老师那儿通不过。立意当然需要也重要，但写作或作文课首先是一门中性的技能课，需进行如§7那样的技能训练。所谓技能训练，就是在文字、逻辑方面下功夫。文字功夫不是花哨生动出新意，而是能用平易清晰的文字进行符合事实的描述的能力。逻辑功夫不是一章章背诵的逻辑知识，而是运用逻辑来说理的能力。只有写作技能训练好了，才能有效地表达出正确立意，甚至帮助学生获取好立意。

有个传播久远的写作口号"我手写我口"，原先只是"我手写我心"直抒胸臆之义，后来衍生出口语入文的意思。北方人这么说，适用于以话议句为主的美文；而常文所需的主谓语逻，还是要规规矩矩学。至于南方人，则有双重学习任务，一是学好普通话，二是掌握主谓语逻，这才能写好描记文和说理文。

总之，常文写作的技术性总原则是：万般皆次要，唯有明白高。

为做到"明白"，需遵循两条准则：一是平实准则，即描述副实，用词平易；二是合理准则，即语义连贯，符合逻辑。这两条准则具体怎么落实，则有 49 条注意事项。学生可以对照这些要求来训练写作。此外，写作不忘阅读，要多看各类佳作，鸡汤就免了。

记住，语文素质的提高是强化分析和表达能力，是学好其他科目的必要前提。

跋

没想到我写了这么一本书，这是篇命题作文。现在写完了，又重温"教学相长"的古训，教人写作，我自己先学了个透。

回想起来，小学、中学的作文课一直让我痛苦不堪。到了大一上写作课，我依然手足无措，还被老师训得无地自容。

这本书初稿写得很快，不到一个月，觉得像是一挥而就，原因在于我对汉语自然逻辑感兴趣多年。近年来陆续发表了十来篇相关论文，现在正好把这些内容科普到这本小册子里来，否则可能得憋个一年半载的。

让我来讲个"四十学写作"的亲历故事。

当年我在澳大利亚国立大学写学位论文时几经磨炼。记得初稿发还给我时，上面镶满费国华老师的批语，有一页上竟然写了两个"Vague！"（含糊笼统），当时挺有抵触情绪的。我读博前已经出了一本书，写了二三十篇论文，还有其他作品。别的不会，写文章不可能不会吧。等慢慢明白我会写的是文人式悟文美文议论文，而不是学者的论文时，也就渐渐学会了有逻辑地论和有材料地证，看出了以前那些个 vague 处，材料摆得用费老师的话说就是"to put the cart before the horse"（前后倒置），跟观点之间的关系要靠意会。总之，分不清逻辑。

要不说写作苦恼了我多半辈子，根子实际上在于文人式美文思维与科研式逻辑思维的纠葛。

我在那儿还跟小儿冰冰学到一个作文要诀。他那时刚进中学，作文老师教他们如何描写一个人，那是有次序的：先写一个人从远处走过来的高低快慢，近一点写色彩打扮，再近一点写音容，然后写具体五官特点。回想当年我中学里也写过人物描记文如《我的数学老师潘老师》："两眼炯炯有神，双腿健步如飞""挂着一幅八骏图，万马奔腾、栩栩如生"……反正满篇成语形容词，八马也是万马。那时为写好作文，把一本《成语小词典》背得滚瓜烂熟不算，还拼凑起来造句，有时一句话里堆积三四个成语，华丽的臃肿。

总之，不但说理文有程式，描记文也有，所以是可以按部就班一点一点教的，而不是单靠多读、多背诵、多感悟，所以我可以写这么一本尝试性的参考书。

谢谢师友们帮我找来各类参考资料。书中例句大多来自网络，其中有很多本身不但没问题，而且作为美文很好，书中用作举例是为了分清美文和常文的不同要求，不针对任何人和事。也感谢语文教学专家们的宽容，本书对语文教学提了不少意见。很多群友对我的文章所作的评论，让我受益匪浅。还要谢谢我的学生，他们除了教专业课，有的还教写作课、逻辑课。即使不教写作、逻辑，也得指导论文，所以对这部书稿很有兴趣来挑错，结果又让我"相长"了。好像谁还说了句"这本书会畅销"——借她吉言了。

2020 年 10 月 20 日跋于

不知处

附：本书修改得感谢编辑殷可老师，她的细心负责为本书的改进增色不少。

图书在版编目（CIP）数据

写作的规矩／朱晓农著. — 上海：上海教育出
版社，2023.11
ISBN 978-7-5720-2139-8

Ⅰ.①写… Ⅱ.①朱… Ⅲ.①汉语－写作 Ⅳ.①
H15

中国国家版本馆CIP数据核字(2023)第199375号

责任编辑　殷　可　徐川山
封面设计　周　吉

写作的规矩
朱晓农　著

出版发行　上海教育出版社有限公司
官　　网　www.seph.com.cn
地　　址　上海市闵行区号景路159弄C座
邮　　编　201101
印　　刷　上海叶大印务发展有限公司
开　　本　787×1092　1/32　印张6.875
字　　数　116千字
版　　次　2023年11月第1版
印　　次　2023年11月第1次印刷
书　　号　ISBN 978-7-5720-2139-8/H·0071
定　　价　45.00元

如发现质量问题，读者可向本社调换　电话：021-64373213